HOW TO F

The words are hidden in horizontal, vertical and diagonal order

TURN A NEW PAGE

T	H	R	I	L	L	E	R	Y	R	T	E	O	P	R
T	R	A	V	E	L	O	G	U	E	R	I	T	A	S
A	I	D	E	P	O	L	C	Y	C	N	E	L	H	K
Y	Z	S	Y	R	A	N	O	I	T	C	I	D	P	O
H	D	Y	F	R	P	A	M	J	E	F	M	R	A	O
H	Y	H	R	Z	E	G	D	C	N	A	G	C	X	B
I	S	P	M	Y	I	T	N	V	I	N	I	O	O	K
S	C	A	I	J	G	A	S	P	E	T	E	M	H	O
T	I	R	F	X	M	O	O	Y	O	N	T	I	U	O
O	S	G	Q	O	R	T	L	R	M	H	T	C	H	C
R	S	O	R	T	S	B	E	O	S	W	I	U	O	B
I	A	I	M	Y	A	V	Q	O	H	P	O	U	R	Q
C	L	B	D	S	T	W	E	L	U	T	A	L	R	E
A	C	B	N	F	A	N	T	A	S	Y	N	H	O	B
L	G	Z	N	A	L	L	E	V	O	N	Q	A	R	B

ADVENTURE
ANTHOLOGY
BIOGRAPHY
CLASSICS
COMIC
COOKBOOK
DICTIONARY
DYSTOPIA
ENCYCLOPEDIA
EROTICA
FANTASY
HISTORICAL
HORROR
MYSTERY
NOVELLA
POETRY
ROMANCE
SATIRE
THRILLER
TRAVELOGUE

UNSOLVED MYSTERIES

M	P	I	M	Y	S	T	E	R	I	U	M	S	H	C
V	K	A	T	G	E	M	M	J	T	S	U	O	A	K
E	I	O	H	Q	W	H	R	R	E	P	Z	V	U	I
X	N	D	E	W	R	M	I	A	E	C	P	L	N	R
F	T	D	O	R	A	D	N	R	S	C	P	T	T	L
I	R	I	R	S	D	C	N	E	W	X	W	E	I	I
L	I	T	I	L	E	A	S	Y	L	A	M	O	N	A
E	G	I	E	R	T	E	R	U	M	O	R	S	G	N
S	U	E	S	U	H	C	R	X	Z	U	E	D	S	Y
Q	E	S	R	T	E	D	E	H	S	I	N	A	V	X
G	S	A	O	A	N	E	M	O	N	E	H	P	P	F
O	L	P	L	O	R	E	C	R	Y	P	T	I	D	S
V	Y	I	S	N	O	I	T	A	T	N	A	C	N	I
H	M	J	S	T	I	N	U	D	O	H	W	P	K	E
D	X	E	S	O	T	E	R	I	C	A	F	R	H	C

ANOMALY
CRYPTIDS
ESOTERICA
HAUNTINGS
HYPOTHESES
INCANTATIONS
INTRIGUE
KIRLIAN
LORE
MYSTERIUM
ODDITIES
PHENOMENA
RIDDLE
RUMORS
SEANCE
SUPERNATURAL
THEORIES
VANISHED
WHODUNITS
X-FILES

EDIBLE BLACK

ACAI
AMERICANO
BALSAMIC VINEGAR
OLIVES
BELUGA LENTILS
BLACK PEPPER
BLACK SESAME
BURNT TOAST
CAVIAR
CHARCOAL BREAD
DATES
EGGPLANT
FIGS
MULBERRIES
MOLASSES
NIGELLA SEEDS
QUINOA
PRUNES
CHIA SEEDS
SQUID INK

```
B J P S K S K N I D I U Q S K
A C E L A B M Z B X A U F C M
L H M I M I H O Q G I Z H F U
S I A T E S S T L N G A M L L
A A S N R T J E O A R U X D B
M S E E I T S A V C S I C L E
I E S L C Z N A O I P S A W R
C E K A A K D A O H L C E A R
V D C G N B L A L T K O U S I
I S A U O B H S C P T D Q I E
N J L L R F G P E A G N X D S
E M B E G I A P S E I G R O F
G P A B F Q P S E T A D E U H
A D N I G E L L A S E E D S B
R O T P R U N E S R A I V A C
```

STARS OF UNIVERSE

ACHERNAR
ALDEBARAN
ALNILAM
ALPHERATZ
ALTAIR
ANTARES
ARCTURUS
BETELGEUSE
CANOPUS
CAPELLA
DENEB
FOMALHAUT
MIRA
POLLUX
PROCYON
RIGEL
SIRIUS
SPICA
VEGA
ZUBENELGENUBI

```
P N R P M J M E R N S W L N N
T A I F W V C S A Y S C F B A
M C A X F W A U N A U X Q Y R
I I T H B O N E R O I U K J A
R P L F W Z O G E Y R L J N B
A S A V Q C P L H M I L E S E
L D E N E B U E C O S O J E D
N N S H E Z S T A E R P J R L
I B U N E G L E N E B U Z A A
L M L E G I R B R I I V P T C
A S D F O M A L H A U T Q N V
M N O Y C O R P E K N N W A T
O S U R U T C R A T V E G A U
U Q C A P E L L A S L M E Z R
A S S Z T A R E H P L A A N Y
```

ALL ABOUT JAZZ

```
I C U Y V I R T U O S O N L M
B M Y X E N A R T L O C P C O
H M P R A G T I M E Y D O O D
S N I R C R O O N I N G B U A
A K O P O L Y P H O N Y E N L
O L H I L V B Y H R E T B T U
V H T I T B I A R C L C K E D
E F P I K A R S N L H F O R I
R C U G S M P A A O N L C P X
D R Z E O S N O R T O X A O I
U E E N D O I D C M I Y D I E
B K I Z S I A M E N W O E N L
C Z Q E S L L R O R Y H N T A
E S R M W B T G B A E S C W N
L A C I S S A L C O E N E P D
```

ALTISSIMO
BEBOP
CADENCE
CHORDAL
COLTRANE
COUNTERPOINT
CROONING
DIXIELAND
GLIDE
HARMONIZE
IMPROVISATION
MODAL
NEOCLASSICAL
OVERDUB
POLYPHONY
RAGTIME
RESONANCE
SYNCOPATION
TREMOLO
VIRTUOSO

MONKEY BUSINESS

```
M I S C H I E F Y W E M Y N W
E U Q Q D N T I Y S F O L L Y
K S A S H F A K L H B N R L E
M S C O E Z M P A E R K T K D
C U T A W H I R O N Y E F V C
I K K H P U R A C A H Y F H S
M C A C R A P N O N T N I T K
I U J I K S D K C I Z M L W N
M R V D S I B E S G P S G T I
T R O U B L E I B A S P H F J
R L B A N A N A W N H O A X I
L E H T M N X L S S R E B F H
F G P A U T O M F O O L E R Y
S S F A P S I L L I N E S S G
O M P N C E F M I M R O O A P
```

APE
BANANA
CAPER
CHAOS
CHIMP
COCOA
ESCAPADE
FOLLY
HIJINKS
HOAX
MIMIC
MISCHIEF
MONKEY
PRANK
PRIMATE
RUCKUS
SHENANIGANS
SILLINESS
TOMFOOLERY
TROUBLE

BEAUTY IS PAIN

- ACID PEEL
- ARSENIC
- BOTOX
- BREAST IRON
- CALORIE COUNT
- CORSET
- EAR STRETCH
- FAD DIET
- FOOT BIND
- GASTRECTOMY
- HEAD BIND
- IMPLANT
- LEAD MAKEUP
- LIP PLATE
- NECK ELONGATION
- PLASTIC SURGERY
- RADIUM CREAM
- TAPEWORM DIET
- TATTOO
- WAXING

```
T R G L E A D M A K E U P M N
N Y A R D I J C G S N O A Q O
U D R N T W M N O O W E I E I
O N S E J H I P R R R K D T T
C I C R G X C I L C S G F A A
E B I A A R T T M A A E P L G
I D N W C S U U E S N E T P N
R A E Y A I I S T R W T F P O
O E S E F D D R C O T O Z I L
L H R J A A E P R I O S G L E
A B A R S C D M E T T P R C K
C N S X T Q D D B E U S R A C
B O T O X I B I I X L G A V E
N I M D E G N G Y E X L J L N
R Y D T U D V T A T T O O S P
```

GREAT STORYTELLERS

- AUSTEN
- BRONTE
- CAMUS
- DICKENS
- DOSTOEVSKY
- FAULKNER
- FITZGERALD
- GARCIA
- HEMINGWAY
- HESSE
- VICTOR HUGO
- JOYCE
- KAFKA
- LEE
- MELVILLE
- ORWELL
- ROWLING
- SHAKESPEARE
- TOLKIEN
- WOOLF

```
S D L A R E G Z T I F M E I R
C C Y K S V E O T S O D W E L
W O O L F W L T O L K I E N L
T H E M I N G W A Y E I W Y L
O G I F E R A E P S E K A H S
G A R C I A H E S S E R A N V
F M E L V I L L E E E U D I G
G N I L W O R P W N S V C I B
W D W M D I F E K T Y T X O W
S I X T T S T L E K O U F N M
S C C Z A N U N L R A K F A K
I K K L O A S M H E Q G C S U
Q E T R F T X U A D W Z A L R
O N B J Q Y G Z O C Z R H M U
U S P J E O V J O Y C E O T H
```

MONEY MATTERS

```
V T P J K R E R U S A E R T D
S B I R G A O F C K M E K E R
G T C E F R U G A L M D B E E
O A K H L U G O M A K T D I J
K C P C N N Z D E G C A X X R
R T O O C A P R D O R A W T E
A U C O E Z D O L T T U N S I
H A K M L O O L X I S D R I H
S R E T T R E D S E I I E L S
N Y T T Y C V N A F M T K A A
A A O I T N H A Z X O O N T C
O L B O R J R L B W N R A I H
L O R E G G I D D L O G B P B
I Z H A N A L Y S T C Y U A Z
Y Y R E M M A C S E E N E C W
```

ACTUARY
ANALYST
AUDITOR
BANKER
CAPITALIST
CASHIER
CFO
DEBT COLLECTOR
ECONOMIST
FRUGAL
GOLD DIGGER
LANDLORD
LOAN SHARK
LOTTO DREAMER
MOGUL
MOOCHER
PICKPOCKET
SCAMMER
TRADER
TREASURER

SECRET SOCIETY

```
F T C O O F R A T E R N I T Y
I G E V I T E R C E S T S W Y
S E F R E E M A S O N R Y T Y
L S O X X N V L N S I B M F Z
A O E Q D A I F Z N O T B J G
U T I C U G M R I I R M O N D
T E Z L T T F T T C F X L N J
I R T S L C I A R C U I I J R
R I F U T A N C O I O Z S K L
Z C C F T I H N X W T D M R O
N C B I M H C D X H L E T O H
O O O U T L L C A B A L S R N
R N L A A I D Q W X M A C D C
O L O V U J S T N E M T S E V
I I E G O C R Y P T I C H R Z
```

CABAL
CONCLAVE
CRYPTIC
DOCTRINE
ESOTERIC
FRATERNITY
FREEMASONRY
GUILD
ILLUMINATI
INITIATION
OATH
OCCULT
ORDER
RITES
RITUALS
SECRETIVE
SECT
SYMBOLISM
VAULT
VESTMENTS

THE ILLUSION BEGINS

ABRACADABRA
ALAKAZAM
ASSISTANT
CONJURE
DECEPTION
ESCAPE
GIMMICK
ILLUSION
LEVITATION
MAGICIAN
MENTALISM
MYSTIFY
PRESTIDIGITATE
RABBIT
SAWING
SLEIGHT
SORCERY
SPELL
VANISH
WAND

```
U A L A K A Z A M C L U L O E
K B K E U X F F Y U E Y L L R
A R M G I M M I C K T A E I U
S A X M Y S T I F Y A B P P J
S C S D C M L Z W Z T C S Q N
I A L G D E C E P T I O N L O
S D E J H N Q V Y A G M E E C
T A I B S T O A R I I A P V T
A B G Y I A E Q L I D G A I I
N R H R C L W L I N I I C T B
T A T E K I U I A Y T C S A B
A X V C L S T W N P S I E T A
H K S R I M I K V G E A T I R
M X X O S N J M M A R N A O R
M Q N S V A N I S H P E K N E
```

THE TRAILBLAZERS

ADVENTURER
ATLAS
DISCOVERY
ENCOUNTERS
EXPEDITION
FRONTIER
GEOGRAPHER
HYDROGRAPHY
LANDMARK
MAPMAKER
NAVIGATOR
OUTLANDER
OUTPOST
PATHFINDER
SURVEYOR
TOPOGRAPHER
TRAILBLAZER
VOYAGER
WAYFARER
ZEALOT

```
U O K S W A D V E N T U R E R
H G E O G R A P H E R J P L R
D L E D W X N A V I G A T O R
N O S D I N T A I W Z Y J D E
O S U T J S Q O A V H G P I Z
I K R H O R C Y L P S A L T A
T R V E M P F O A A T B S M L
I A E B T A O R V H E O E A B
D M Y V R N G G F E P Z F P L
E D O E O O U I R T R S O M I
P N R A R Y N O U A S Y O A A
X A R D U D A O C Q P D A K R
E L Y Y E L P G U N D H M E T
E H F R O N T I E R E L E R U
R E D N A L T U O R K N P R W
```

ANCIENT LANGUAGES

```
C U N E I F O R M X X X Y O K
T I R K S N A S P G G C H W W
X T O W M A N U S C R I P T S
E C R I N C A T D L V P A G L
S H N A F A L I S C A N R P T
M I A F N L I U C L Z M G I B
A E T G H S L R I I C M I C K
R R S N L L L M E A D K P T A
G O E M D Y P A I M L E E O G
O G V A D S P R T Z U Q V G N
E L A H E M Y H E I Q S U R I
D Y Z S V S I M S V O H C A T
I P T E N I O K V R B N Y P I
P H P D W D I A L E C T K H R
R S C I T N A M E S U F Q S W
```

AVESTAN
CUNEIFORM
DIALECT
EPIGRAPHY
FALISCAN
GLYPHS
HIEROGLYPHS
IDEOGRAMS
INCA
KOINE
MANUSCRIPTS
PALIMPSEST
PICTOGRAPHS
SANSKRIT
SEMANTICS
SUMERIAN
SYRIAC
TRANSLATION
VEDIC
WRITING

AN EVENING DATE AT OPERA HOUSE

```
B M W Y N O M R A H G A L A J
Y A C U R T A I N K S P W Z T
N R H P C O N C E S S I O N N
O G A G N F D W N Q B A T D K
C O N O O O U J O J R Y N V S
L R D Y U O I O I A R I A E O
A P E L E F A S S W C O G N P
B R L O R M I J S T J D E I R
H G I B U W G F I A T E L N A
Z N E B T V N E M P P X E A N
D I R Y R U I W R T Z U Z Z O
Q N T Y E Y T L E O U T Y Z K
Q E R J V F A L T Y C T I E C
U V T H O T E O N W W N B M A
S E Q N Q L S K I E A D E V D
```

ARIA
BALCONY
CHANDELIER
CONCESSION
CURTAIN
ELEGANT
ENCORE
EVENING
FOYER
GALA
HARMONY
INTERMISSION
LOBBY
MEZZANINE
OVERTURE
PASSION
PROGRAM
SEATING
SOPRANO
TUXEDO

VINTAGE FASHION

BELL-BOTTOMS
BERET
BROOCH
CAT-EYE GLASSES
CORSET
CRINOLINE
FEDORA
HIGH-WAISTED
HOUNDSTOOTH
LACE
MARY JANES
MOD
PEPLUM
PETTICOAT
PIN-UP
POLKA DOTS
SEQUIN
SWING DRESS
TWEED
ZOOT SUIT

```
D C O N G P E T T I C O A T P
S F A B S U R B S F G B H L O
E E H T T M G L W C U W S X L
N D Z O E R O Y N P O S H O K
I O O H J Y W T U I E R M P A
L R O C T Y E N T R U U S S D
O A T O W A I G D O L Q Q E O
N T S O E P W G L P B Y E F T
I E U R E I N A E A Q L M S S
R R I B D I B P G L S Q L Q C
C E T M W I U C L U V S K E T
O B O S I E C A L O K L E M B
J D D E T S I A W H G I H S Z
L F A G H O U N D S T O O T H
M S E N A J Y R A M W Z A G H
```

SECRET RECIPE

CUISINE
GARNISH
HERB
HERITAGE
INFUSION
INGREDIENTS
MARINATE
MEASURE
NOSTALGIC
PREPARATION
RECIPE
SAUTÉ
SAVORY
SEASONING
SIMMER
SWEETEN
TEMPURA
TENDERIZE
TRADITION
WHISK

```
G N I N O S A E S M C M S K M
Z A L B N O I T A R A P E R P
E N H S A V O R Y Z A P N R Q
G R S M A R I N A T E O A E Z
A Z T J D N M K J G S H N M Z
R A N Y Y I G U W T O S K M O
N R E T U A S H A H W A E I E
I U I R A J I L A E X N Z S R
S P D A D S G I E R O N I E U
H M E D K I B T O I B R R N S
Q E R I C R E Z S T U E E I A
M T G T H N W U E A B C D S E
K O N I G E F B K G Z I N I M
Y D I O S N R Q A E J P E U G
L X B N I Y M B K L N E T C K
```

PROHIBITION ERA

```
B Q B R S P E A K E A S Y E S
B O W T V L R E T S G N A G M
W Y O E N I T S E D N A L C U
S R V T R E T S B O M J E U G
U E B X L W H T K M S V G P G
O W E A E E C C O M O B A R L
M E B Q T D G O O L P F Z O E
A R V W R H N G S O G L Z H R
F B J Y H S T T E Q H A A I S
N L L T H I E U C R Y P J B X
I A A I L A S O B Q Z P Z I S
W H N E D L M K B G E E M T F
G E F A P U X W E V I R Q I I
E V C X R E T X G Y F N J O W
Z T E C N A R E P M E T D N D
```

BATHTUB GIN
BOOTLEGGER
BREWERY
CLANDESTINE
DRY LAW
FLAPPER
GANGSTER
HOOCH
INFAMOUS
JAZZ AGE
MOBSTER
MOONSHINE
PROHIBITION
REPEAL
RUM
SMUGGLERS
SPEAKEASY
TEMPERANCE
VOLSTEAD ACT
WHISKEY

THE BATTLE BEGINS

```
K S O R W A R F A R E A M Z X
N T C T P M E H C N E R T E Z
C R U S A D E A H E C C C P G
A A W B D R A U G N A V U P E
S T A A P S K I R M I S H E C
P E C T R E D N E R R U S L I
O G O T F C A Y G R P M W I T
O Y N L X U S L R I P O T N S
R C Q E T S C W L L A V K S I
T G U F R I I H A I A P O W M
X U E I E E T I I R R V M I R
W E S E A G C B U K L R A A A
E Y T L T E A O N S Y O E C C
Q V H D Y G T H W X T W R U X
S S E R T R O F O L N M S D G
```

ARMISTICE
BATTLEFIELD
CAMPAIGN
CAVALRY
CONQUEST
CRUSADE
FORTRESS
GUERRILLA
SIEGE
SKIRMISH
STRATEGY
SURRENDER
TACTICS
TREATY
TRENCH
TROOPS
VANGUARD
WARFARE
WARLORD
ZEPPELINS

GOOD FOR YOU

AMARANTH
BAOBAB
CHLORELLA
CORDYCEPS
DULSE
FENUGREEK
FLAXSEED
FREEKEH
GOJI
KELP
LUCUMA
MORINGA
NONI
PITAYA
QUINOA
REISHI
SOURSOP
SPIRULINA
TEFF
YACON

```
C I H S I E R L T T H N W Y P
O O Z U S N C B T E E S N A B
K S R K P M S H X F K L O C A
J A U D N L V S L F E K N O Y
F I G O Y B E E V O E W I N A
L C R F Y C A K S Y R B L A T
A A C X V N E B O L F E M J I
X M N Y M K B P O K U A L W P
S O U I G K U L S A R D R L L
E R A C L A T A G A B H N R A
E I O M U U F E N U G R E E K
D N N E S L R T X Z N I J O G
X G I I H G H I L L I C F D G
Y A U F F F R H P S O Q U H Z
K L Q P O S R U O S O B C P D
```

THAT'S SO CHEESY

ASIAGO
BRIE
CHEDDAR
COLBY
COTTAGE
EDAM
FETA
GORGONZOLA
GOUDA
HAVARTI
JARLSBERG
LIMBURGER
MANCHEGO
MONTEREY JACK
MOZZARELLA
PARMESAN
PECORINO
PROVOLONE
STILTON
WENSLEYDALE

```
F Y F D N T A Y N R Y F U H A
E B E J W H L Q J G F G N L L
T L L T N R L S T W O H O E M
A O A N F Z E K T U Q Z D O P
T C D T F K R G D I N E N T E
V M Y O Q X A A R O L T V J N
R A E I O K Z Z G U E T O R O
A N L T P R Z R F R B N O M L
D C S R Y F O E E O I M A N O
D H N A H G M Y G R N D I A V
E E E V A E J A O K E I C L O
H G W A S A I C A O E I R B R
C O E H C S E N A S E M R A P
L S K K A P L C O T T A G E B
G R E B S L R A J S Y G N Y B
```

SILENT BUT SMELLY

```
Q A S V T H S K U N K V U K A
G M V L I V T W R E A L L T T
D M N I M B R E E B U N C R E
E O O M O I A D W T J J J A G
C N O B V A S W E Q D H B F A
O I P U K S H E S W I O X S B
M A R R E P G D M G X P G X B
P D T G G E S L K F K G X O A
O U S E A R R I N V E F S N C
S R W R B U C M E N R W S I V
I I F S R N K I E Z E E M O P
T A A P A A F T L A G W O N V
I N H I G M T E T R B H K S H
O S M C E O U U Q P A G E O J
N C J B R L P C S L Z G T D W
```

AMMONIA
CABBAGE
DECOMPOSITION
DURIAN
FART
GARBAGE
GARLIC
LIMBURGER
MANURE
MILDEW
ONIONS
POO
ROTTEN EGGS
SEWER
SKUNK
SMOKE
SWEAT
TRASH
VOMIT
WET DOG

STRETCHABLES

```
F H R U B B E R B A N D U Q T
C G D T F O E Q C E C L T I E
B H S L W O W C H E U Z Q Q N
P N P E F Z S G E G E F B G G
X K Y B U P H S W N L A X J S
S E F L R B G L I U A B E P J
T J D I O N R I N B S R N Z F
N X N N I N E M G J T I O Y R
A G F G A V H E G J I C C B N
P H G F O P C C U S C V I A R
V E A L M P S Y M H P T L N W
L X G S L I N G S H O T I D V
P H U D O N O O L L A B S A R
E I H C N U R C S K Z C K G A
R G E E S O H Y T N A P F E E
```

BALLOON
BANDAGE
BELT
BUNGEE
CHEWING GUM
ELASTIC
FABRIC
GLOVE
LEGGINGS
NET
NYLON
PANTS
PANTYHOSE
RUBBER BAND
SCRUNCHIE
SILICONE
SLIME
SLINGSHOT
SPANDEX
SPRING

UPSIDE DOWN

BASE
BIZARRE
CHANGING
FLIPPED
INVERT
LOPSIDED
MONUMENT
OBLIQUE
ODD
OPTICAL
REVERSED
SKYLINE
STRUCTURE
TILT
TOPSY TURVY
TURNED
UNUSUAL
VERTIGO
VISION
WEIRD

```
F G P F P U X O L V X A S R V
E R N L O P S I D E D K G D A
R L W I B M V S T B Y N Y I L
U W F R G C O N I L N O V L E
T B A S E N E D I Q C I R A M
C O I C L M A N D W X S U C D
U M J Z U A E H V J O I T I E
R C R N A Q U Q C V B V Y T P
T I O E T R Y S I T L T S P P
S M G H V R R F U H I U P O I
L K I H O E E E G N Q R O W L
L B T W K I R V F T U N T Y F
T D R I E W T S N Z E E L X Q
E V E T L I T F E I K D T S P
Z A V Y P L L J P D P K A C P
```

MEDITATION PRACTICES

ANAPANASATI
BODY SCAN
CENTERING
CHI
DZOGCHEN
FOCUSED
GUIDED
KINHIN
KOAN
KUNDALINI
LOVINGKINDNESS
MANTRA
MINDFUL
OM
QIGONG
SHAMATHA
TONGLEN
TRANSCEND
VIPASSANA
ZEN

```
U D T L U F D N I M C M Y W K
Z C C E N T E R I N G C O I P
T R A N S C E N D Z C A N O J
D I A H T A M A H S N H U H D
B N T O N G L E N A I V S H P
O G Q A P B N H S N X H V N K
D U O S S Z H S F N C Z W U U
Y I D Q E A A D Z O G C H E N
S D X N G P N V Y F C N E B S
C E Z A I D M A D T A U A V I
A D S V J A D D P O S G S H D
N G N O G I Q A K A V K C E H
L O V I N G K I N D N E S S D
V C O F M A N T R A J A A R Z
C N F D B S I N I L A D N U K
```

ALGORITHM

```
Z V D J A T A D E N C R Y P T
E S I W T I B C M N O C N P T
M G N I T R O S G O F A X H R
B A G N I H S A H K B H X P X
J U P O L Y N O M I A L Y P N
P Y B K E L E Z I M I T P O Y
E T M B U V B Y F O I Q K A S
L Y R A L Q I U P X A N R E V
B D Y R K E N T E X Y R A Y M
A E I S A C S L A Y A R C G A
I E L V T E P O R R C H U J T
R R G I I M N A R H E B M T R
A G O A O D N I I T E T R B I
V N U C Q I E N L D J O I S X
E S Y R B Y G Y H S C E Z R P
```

- ARRAY
- BINARY
- BITWISE
- BUBBLE SORT
- COMPLEXITY
- DATA
- DEBUG
- DIVIDE
- ENCRYPT
- FUNCTION
- GREEDY
- HASHING
- ITERATIVE
- LINEAR
- MATRIX
- OPTIMIZE
- POLYNOMIAL
- SEARCHING
- SORTING
- VARIABLE

WORLD OF COLORS

```
W N J Q C P V E A I S H C U F
S A S T L O C E V I L O G S N
A E P C R A B C E R U L E A N
F M N E A E V A Y A Z C T G Y
F A R P R R B E L E G K U C H
R U J O M I L M N T F F R H H
O V C D S E W E A D Z R Q P P
N E N R Y X M I T F E M U S A
X R F K I V H E N E X R O Z S
S M V Y P M A V R K N S I T P
W I O O Y P S N O A L K S E B
J L I N D I G O U C L E E A E
R I N P U P C U N J R D V L I
L O E S U E R T R A H C B E G
T N T X T Z Q M A Q U A X Y E
```

- AMBER
- AQUA
- BEIGE
- CERULEAN
- CHARTREUSE
- COBALT
- CRIMSON
- EMERALD
- FUCHSIA
- INDIGO
- LAVENDER
- MAUVE
- NAVY
- OLIVE
- PERIWINKLE
- SAFFRON
- SCARLET
- TEAL
- TURQUOISE
- VERMILION

TRIBE VIBE

APACHE
AYMARA
BASUTO
BEDOUIN
CHEYENNE
CHOCTAW
CREEK
DOGON
HOPI
INUIT
KURD
MAASAI
MANDAN
NAVAJO
OSAGE
SAMI
SIOUX
TIBETAN
XHOSA
ZULU

```
X O F N W W K M E E B R C Y X
S P E I B C R E E K D O G O N
A T T U A N A D N A M O W F P
M O E O M A L E O W E S J M H
I T N D A S O H X T P A T K R
H H N E W N E J I Z M G X U N
O U E B V P R B T J A E G R C
P D Y F N Q E Y A O A I U D Z
I J E M H T I F Y J S Z M R Z
S S H X A U Q W M A A R G O C
X J C N X S C B A V I E Z T F
W A T C O H C H R A I U T U T
Z S H Y I B T U A N L H C S Q
V Q T S I O U X Y U J B T A Y
I I N U I T A P A C H E E B P
```

CHECKMATE

BISHOP
BLUNDER
CASTLE
CHECKMATE
DEFENSE
DRAW
EN PASSANT
ENDGAME
FORK
GAMBIT
KING
KNIGHT
PAWN
PIN
QUEEN
ROOK
STALEMATE
STRATEGY
TIE
ZUGZWANG

```
H K S T A L E M A T E M P B Q
A T T F E B R P C A E I S I U
L Z Q H M G T O H N M W C C N
D D X I N J N H E E A R B V
G X G I H F A S C E G O F W W
X V K D P B S I K U D O E E J
P L R E X T S B M Q N K E Q O
X A N S I Z A Z A K E W S V D
W J W B H E P Z T T R S N K A
Q V M N T V N D E S J O E N Q
X A X A U L E A F K E X F I N
G G T Z U G Z W A N G X E G F
A U F O U W E L T S A C D H I
O Y G E T A R T S Z W E I T Q
F V J J A R E D N U L B O K D
```

NOT CRAZY ENOUGH

```
G C Z A G Y O S W A O Y C M C
N O Y P E J R A G E K I X A I
I M A U Q E C R V O T P C N H
V W S P K K N H O A D X A I C
A M L N Y A B K R E M P P A Y
R A O D E L I R I O U S D C S
N B D K W E E Z N S P T V A P
Y E Z E U U N S C R E W Y L C
L R E Q G E N C I T O A H C I
U R P P R N X H Z G X S J Z R
N A A F T J A U I D R T T T E
A N C G D L I R E N A S N I T
T T D K R E S R E B G K I V S
I D A X Y T T U N D A E W I Y
C D M P N J D I G D P H D Q H
```

ABERRANT
BERSERK
BONKERS
CHAOTIC
DELIRIOUS
DERANGED
ERRATIC
FRENZIED
HYSTERIC
INSANE
KOOKY
LUNATIC
MADCAP
MANIACAL
NUTTY
PSYCHIC
RAVING
SCREWY
UNHINGED
WACKY

SPARKLING CLEAN

```
Q K P V J E Z I T I N A S W E
W V C U A H Q E E Q M D C V X
S F V B N H S N X O F M R P B
W R A R I O J I P Y S D U P K
G A C O T Y C P L N I S B E W
Z G U O O Z I L I O R K O E Y
G R U M R N Y A E E P O D W R
K A M S G E T D N A X S F S E
I N V H Q N N A U B N E A N L
G C R S I U E I U S J S E M B
U E O A W L G A H T T I I D H
X F M W C K R Y T S G I S N G
S P O N G E F I O Y X E N B G
I R J T D X D A H T F R G G J
T P Z P J Y P Y R D N U A L P
```

BROOMS
CLEANERS
CLEANSING
DUSTING
FRAGRANCE
HYGIENE
JANITOR
LAUNDRY
MAINTAIN
MOPPING
POLISH
SANITIZE
SCRUB
SHINE
SOAP
SPONGE
SWEEP
TIDY
VACUUM
WASH

NATURAL WONDERS

- ANGEL FALLS
- BANFF
- BAY OF FUNDY
- BRYCE CANYON
- CRATER LAKE
- DEAD SEA
- DENALI
- EVEREST
- GALAPAGOS
- GRAND CANYON
- IGUAZU FALLS
- KILIMANJARO
- MOUNT FUJI
- NIAGARA FALLS
- PAMUKKALE
- PATAGONIA
- REDWOODS
- SAHARA
- ULURU
- VICTORIA FALLS

```
O S N O G R A N D C A N Y O N
R L A O Z S B E F L U G P P Y
A L I W Y R O F S R F A Y D N
J A Z G Z N N G U D M C N L I
N F V L U A A L A U A U K E A
A A C A B A U C K P F E M T G
M I R N S L Z K E F A O D Q A
I R A G W D A U O C U L E R R
L O T E I L O Y F N Y V A I A
I T E L E L A O T A E R S G F
K C R F B B A F W R L A B Q A
S I L A Q N U N E D H L A B L
Y V A L M J G S E A E O S C L
E B K L I K T V R D E R Y F S
O Q E S J T P A T A G O N I A
```

DOUBLE THE TROUBLE

- CLASH
- COUPLE
- DOUBLE
- DUAL
- DUPLICATE
- FUSSY
- GALORE
- JINX
- JUMBLED
- MESS
- MIXUP
- PAIR
- RIVAL
- SCUFFLE
- TANGLE
- TRICKY
- TWICE
- TWIN
- TWOFOLD
- VERBAL

```
R J I E L G N A T A S P A I R
A U X E T R Q O T N Z J I N X
O M N M O R T W O F O L D O G
K B F S D H H I I A I L M U H
V L I S U R G S W P F F D M W
C E L E P A N C L A S H S K Q
A D C M L M Y F U S S Y A E U
W T D O I C O U P L E B L I L
B Q R X C Y J C B B M F V W Y
X E U X A K F S R D F Y E A Q
C P M Y T C E L B U O D R M T
E H D W E I F M C K M Y B T W
Z V U Y V R C S Z R H N A L I
S I A J M T H O H B W E L K C
V B L Y A R I V A L T W I N E
```

KEYBOARD WARRIOR

```
C A P S L O C K M Z T H C Q B
F N O S O B A R R O W T Z N S
L D E W B A C K S P A C E F O
M A L E I L T A B K M Q E I K
K P O V R N N O I T C N U F I
C Y R G S C D C T S I J E B Y
O E T J P X S O O P D R J V M
L K N W A R F T W M W X F Y E
M T O W C Y H N N S M X T L A
U F C R E Z O U Q I E A Q P J
N I F E B Q M P O L R N N J M
K H Q T A S E H R L O P T D E
J S P U R X D E L E T E M E W
O V F R S I N S E R T Y A P R
Z A D N E S C A P E F F F X H
```

ALT
ARROW
BACKSPACE
CAPS LOCK
COMMAND
CONTROL
DELETE
ENTER
ESCAPE
FUNCTION
HOME
INSERT
KEYPAD
NUM LOCK
PRINT SCREEN
RETURN
SHIFT
SPACEBAR
TAB
WINDOWS

MAYBE, MAYBE NOT?

```
H P O S S I B L E E R U S N U
I S B U N E L B A T A B E D O
N U M C K I E C N A H C R L I
D O Y Q O A A T J H W O U U I
E U S U A N D T T J P U C F F
C G P E D N D F R T H W S T I
I I E S K E I I I E L F B B F
S B C T J L D O T G C F O U T
I M U I T B N I Y I L N I O Y
V A L O Z A U P C L O F U D F
E Q A N L B G R N E E N Z L I
J V T A W O O B X N D K A A F
O J I B L R E H T I E N I L T
E L V L S P A H R E P E U L Y
U L E E E T I N I F E D N I Q
```

AMBIGUOUS
CHANCE
CONDITIONAL
DEBATABLE
DOUBTFUL
EITHER
FIFTY-FIFTY
INDECISIVE
INDEFINITE
LIKELY
OBSCURE
OPTIONAL
PERHAPS
POSSIBLE
PROBABLE
QUESTIONABLE
SPECULATIVE
UNCERTAIN
UNDECIDED
UNSURE

CANCER SUCKS

BENIGN
BIOPSY
CARCINOGEN
CARCINOMA
CHEMOTHERAPY
CYTOTOXIC
IMMUNOTHERAPY
LEUKEMIA
LYMPHOMA
MALIGNANT
MELANOMA
METASTASIS
MYELOMA
NEOPLASM
ONCOLOGY
PALLIATIVE
RADIATION
REMISSION
SARCOMA
TUMOR

```
O V P C C A R C I N O M A E I
S F C K H Y T B E N I G N M L
I R A N P E R N W I O K M B E
S C R V O V M J A N T U B I U
A Y C A T I K O C N N D E O K
T T I M M Z S O T O G V C P E
S O N O D O L S T H I I J S M
A T O L B O C H I T E L L Y I
T O G E G T E R A M F R M A A
E X E Y U R O I A T E W A O M
M I N M A A L J R S T R H P T
Z C O P Z L Y M P H O M A M Y
X R Y E A M E L A N O M A M V
T O G P U N E O P L A S M Y P
F K E N O I T A I D A R W T D
```

LET IT GO

ANXIETY
BAD HABITS
BITTERNESS
CLUTTER
CONTROL
DREAD
EGO
FEARS
GRUDGES
GUILT
JUNK
OLD PAPERS
PERFECTION
REGRET
RESENTMENT
STRESS
TOXICITY
UNUSED ITEMS
USED CLOTHES
WORRY

```
S W R E S E N T M E N T K H S
G R H Q S G F T A E U D E G S
X E O V Z E H U P S L M G W E
N G S L A Q Q S E G D U R G N
L R U R D B A D H A B I T S R
O E S E A P C R R Y Z H Q N E
R T G J T L A O R E Z X F S T
T O V R O D V P W V T K V Z T
N Z V T L I U G E K Y T N K I
O D H G D R E A D R I R U U B
C E Y T E I X N A Q S D R L J
S P U C T T O X I C I T Y O C
U N U S E D I T E M S X W Y W
X X D O R N O I T C E F R E P
C G O V M S A G M S S E R T S
```

GREATEST INVENTIONS

```
D P M R L M I C R O W A V E S
Y P E K R R I E L E V A T O R
N S P N K O T E L E S C O P E
A C T R I T T Z I X D D V I Q
M A I E I C E A O I D A R S S
I U E G A N I N L Y S R A S U
T T N B T M T L R U W I D A B
E O A C L E E I L E C Z A P M
D M L A L U L N N I T L R M A
R O P M R D B E G G N N A O R
P B R E W A H T P I P Z I C I
X I I R B N X G H H N R Z G N
W L A A Q O J V O G O E E D E
A E C O M P U T E R I N W S Q
H P A R G O N O H P I L E O S
```

AIRPLANE
AUTOMOBILE
CALCULATOR
CAMERA
COMPASS
COMPUTER
DYNAMITE
ELEVATOR
INTERNET
LIGHTBULB
MICROWAVE
PENICILLIN
PHONOGRAPH
PRINTING PRESS
RADAR
RADIO
STEAM ENGINE
SUBMARINE
TELEPHONE
TELESCOPE

MY CUP OF TEA

```
T W Q N O I S U F N I I J H Q
Z P B C A M E L L I A B R E W
C J I H L H E R B A L B A V I
R T A D F Q A C R O O I B O S
F U H U L M A C B N Q S X L D
D C C H A E B H K E T I P J J
A O Z O V O Y A C E A D E I U
R M C O O K G M A R N A A V S
J C Q L R E Y O L G N S R W A
E K A O P P N M B D I S L S F
E P H N C F F I T X N A G E X
L B C G Q N Y L M Q S M R V X
I N T D G W T E P S E S E A D
N B A M K Z A G Q H A I Y E Q
G S M B C D T F Y J L J V L T
```

ASSAM
BLACK
BREW
CAMELLIA
CHAI
CHAMOMILE
DARJEELING
EARL GREY
FLAVOR
GREEN
HERBAL
INFUSION
JASMINE
LEAVES
MATCHA
OOLONG
PEKOE
ROOIBOS
SIP
TANNINS

MONEY HEISTS

ALARMS
BANDITS
CURRENCY
DISGUISES
ESCAPE
GOLD
HEIST
HOSTAGES
INFILTRATE
MASKS
MASTERPLAN
MONEY
NEGOTIATE
POLICE
RANSOM
ROBBERY
STRATEGY
TACTICS
TEAMWORK
UNIFORM

```
P N M O P Z S T I D N A B X C
N S O E O Y K E S C A P E W S
D Y A S K H G I M R O F I N U
A N N A L P R E T S A M A N W
R K H F Z Y T T M O N E Y C
H R K U R R Q A N A K E S L A
H O R Y C E Q R H D R F A O G
O W Q C N B N T S C V T P R M
S M D N E B Y L G T Q N S D Z
T A T E E O D I S G U I S E S
A E Q R D R S F S K S A M E T
G T W R L Z H N A L A R M S S
E S M U O S C I T C A T G R I
S N U C G U C E C I L O P N E
B N E G O T I A T E V Q L W H
```

MECHANIC'S FAVORITE

ALTERNATOR
BATTERY
CAMSHAFT
CARBURETOR
CONNECTING ROD
CRANKSHAFT
CYLINDER
DISTRIBUTOR
EXHAUST
FAN BELT
FUEL INJECTOR
GASKET
IGNITION
MANIFOLD
PISTON
RADIATOR
SPARK PLUG
STARTER
TURBOCHARGER
VALVE

```
R R M A N I F O L D V M R G T
A O Q T S T A R T E R Z E U U
D T C K F T L E B N A F D L R
I E B O J A K E B B U X N P B
A R T K N D H A X E Q T I K O
T U S E P N T S L H E U L R C
O B C X K T E I K V A O Y A H
R R P F E S N C L N F U C P A
A A W R Q J A A T O A I S S R
C C Y A E V V G O I A R F T G
F M N C P I S T O N N Z C E E
R O T U B I R T S I D G Q Z R
X O I G N I T I O N A Y R P K
R I W J C A M S H A F T E O X
W P Q K A L T E R N A T O R D
```

THE WAY IT BURNS

```
Y G J E T H G I R B B J U K L
M H U N G R Y E X L T J K P G
T R D R A G I N G B H F T N C
K N A V U G T D O G R E I S G
L Q E W V C N S N O M R T G L
J Z Z C D E R I A C E A G C O
S T S X S K R R Z D R L N R W
Q O U X N E I C L A Z J I A I
J H O U K N D O F N L S R C N
U F N C G Z M N M M L B U K G
Q B I R Z S T L A X L Z O L B
G L M Y Z A J P S C L K V I U
F Z U F E C R E I F N U E N B
U J L I N T E N S E B I D G H
X I G N I N R U B T O R R I D
```

BLAZING
BRIGHT
BURNING
CRACKLING
DEVOURING
FERAL
FIERCE
FLICKERING
GLOWING
HOT
HUNGRY
INCANDESCENT
INTENSE
LUMINOUS
RAGING
RED
ROARING
SMOLDERING
TORRID
WARM

........ISM

```
C A X D I M S I U R T L A Z O
N F N N M S I L A T A F Y K P
X L G I R L T I V Q E B I Q T
K O M D M D M A M S I O G E I
Z G D S C A N N I B A L I S M
M C K U I D L X H I C R I Y I
M E L M A H D I O R T E D C S
R Q C L S L D J S V I A E R M
D K I H H I I D Y M V L A I X
N S Z P A E L S U E I I L T M
M F X Z Q N R A M B S S I I S
L B A O V O I O R A M M S C I
M S I R U O T S I U M W M I B
C Z B R U X I S M S L A P S U
C A P I T A L I S M M M P L M
```

ACTIVISM
ALTRUISM
ANIMALISM
BRUXISM
BUDDHISM
CANNIBALISM
CAPITALISM
CRITICISM
CUBISM
DUALISM
EGOISM
FATALISM
HEROISM
IDEALISM
MECHANISM
OPTIMISM
PLURALISM
REALISM
TOURISM
VANDALISM

GREAT PRIMATE

BABOON
CAPUCHIN
CHIMPANZEE
COLOBUS
DOUC
GELADA
GIBBON
GUENON
HOWLER
LEMUR
MACAQUE
MANDRILL
MARMOSET
MONA
ORANGUTAN
PATAS
PROBOSCIS
SPIDER
SQUIRREL
TAMARIN

```
X T T K C E U Q A C A M N U H
L P C A P U C H I N O E E Q Z
L X Q C K H O W L E R E V F Y
I N O N E U G S M W K Z V M O
R C U O D E N Q H L O N C O T
D L L X L D A U X T C A T N A
N L B A Q V T I U S O P E A M
A Q D H I Q U R L N L M S G A
M A O V A H G R K P O I O I R
R U M E L F N E L B B H M B I
R E D I P S A L B I U C R B N
G O Y F E X R S J Z S K A O K
P A T A S C O C U X T F M N T
P Q J V U B S I C S O B O R P
P V N O O B A B Q P J A T J Q
```

LOOK HOW THEY SHINE FOR YOU

ANDROMEDA
AURIGA
CANIS MAJOR
CANIS MINOR
CASSIOPEIA
CENTAURUS
CEPHEUS
DRACO
ERIDANUS
LEO MINOR
LYNX
ORION
PEGASUS
PERSEUS
PUPPIS
PYXIS
RETICULUM
SAGITTARIUS
SCORPIUS
VULPECULA

```
E L A Y A L U C E P L U V M I
S I P P U P G T B Q D U X M S
C Z C E N T A U R U S O N U U
S S C G J F C O S U M O Y L E
C U F A W X C E N V R X L U S
W S I W S A A A P O R R F C R
V U F R R S D D J H O C A I E
X S P D A I I A E N E U N T P
N A Y O R T M O I M R U T E X
O G X E U S T M P I O M S R D
B E I X I G O I G E O R I O N
E P S N U E R A G L I N D S J
W G A F L Y S G V A S A E N S
V C S C O R P I U S S P K I A
A X X R O N I M S I N A C A Y
```

GREAT MINDS

```
E H C S Z T E I N P L A T O O
E W R Q E O S E N E G O I D Q
K P Z E I L L E V A I H C A M
S K I G N R A I V S F E H B M
U J B C L E S H A S R L P E S
I O N T U I D R T V H T H R P
C H R E A R T E X T I O O K I
U N U W M R U R S Q U T N E N
F L S J E U A S P C S S E L O
N O H V H M H A T R A I Z E Z
O C D B L X D D H S K R C Y A
C K E R O S P R I D Z A T M Z
P E A I H Q B K Y V D T M E G
F K M B I A K A N T A U H N S
Q P S O C R A T E S F D B I O
```

ARISTOTLE
BERKELEY
BUDDHA
CONFUCIUS
DAVID HUME
DIOGENES
EPICURUS
IBN RUSHD
JOHN LOCKE
KANT
KARL MARX
MACHIAVELLI
NIETZSCHE
PLATO
RENÉ DESCARTES
SARTRE
SOCRATES
SPINOZA
THALES
ZENO

INFECTED COMPUTER

```
M S M V W K X A Q K G W O R M
B J Q K R A N S O M W A R E H
A N Z I Q N A J O R T Y B F D
C R G W W B E Y Y Q A T P Y D
K K E Y Q C R O M D G F H T A
D C S K W S O O O T G N I E T
O A P A C S P R W I K B S N A
O J A K O O E Y R S J A H T N
R I M L S Z L A W U E J I O T
W H X F W C Y O D A P R N B I
W Y L R G A A P T W R T G S V
F E R A W L A M N P A E U Z I
D R E X P L O I T A Y R N U R
V R O O T K I T W M I R E Y U
C E H W P V N Y T V X J C D S
```

ADWARE
ANTIVIRUS
BACKDOOR
BOTNET
BROWSER
CORRUPT
CRYPTOLOCKER
EXPLOIT
HIJACK
MALWARE
PHISHING
RANSOMWARE
ROOTKIT
SCAM
SPAM
SPYWARE
TROJAN
VIRUS
WORM
ZERO-DAY

PLE

AMPLE
COMPLEMENTARY
COMPLEXION
COUPLE
DEPLETION
DIMPLE
EXAMPLE
INCOMPLETE
MULTIPLE
PEOPLE
PLEAD
PLEASURE
PURPLE
REPLENISH
RIPPLE
SIMPLE
SUPPLEMENT
TEMPLE
TOPPLE
TRIPLET

```
J W P U R P L E D E H E L P E
T B S I M P L E Y W C X M V K
E L P M A X E R U L O V K S W
L M L B P Q N I B N M Y X X T
P U T P X S O P H O P E Z H E
M L N A P T I P W I L L J S M
I T E W E R T L M X E P Y I P
D I M I L C E E S E M O R N L
T P E D P Z L G M L E E A E E
E L L U U T P S P P N P K L A
L E P M O O E D L M T M C P S
P Z P X C P D N E O A K C E U
I F U E L P M A A C R M D R R
R S S M G L Y G D P Y O C L E
T Z R T U E T E L P M O C N I
```

STICK TOGETHER

ADHESIVE TAPE
BAND-AID
BINDER
BONDING
CHEWING GUM
CLAY
COHESIVE
COMRADE
EPOXY
FRIENDSHIP
HONEY
MAGNETS
MORTAR
MUCUS
RESIN
SLIME
SOLDER
STAPLES
SUPERGLUE
WELDING

```
Y E S O L D E R T R C R S A I
X W N G J L T Y E Q A C T C X
O T K O L S J S G T L H A P Q
P K E G X Y I N R V O E P I J
E Y A L C N I O Y N P W L H T
E I X A S D M E E A M I E S E
B O M T L L M Y T K F N S D U
A Y Z E V B I E C B V G M N L
N B W F X M V M L O N G E E G
D P I Y U I R P E N L U D I R
A X U C S M C E H D K M A R E
I Z U E Y Q W H D I O F R F P
D S H E E W V Z C N L R M N U
O D S T E N G A M G I Z O A S
A W G C O H E S I V E B C V D
```

SAND AND SEA

```
S P K C H C Z W C D Z B Y L V
U E G O L D E N R N O O G A L
O A Y B R E E Z Y C M X I C Y
N C V S B P V S S C H Z B O M
I E A U U J J C T D I C T A L
M F W R G N I X A L E R S S A
U U D F C C I C L I A P A T C
L L J E L B B E P U I O V A I
G I N V I G O R A T I N G L K
F L U F T H G I L E D B K X U
L I U Q N A R T K N Z F L U Q
D N A Q U A T I C N L U U A W
G O A D Z G L Y D N A S D G F
D A J G U E V L Z C I N E C S
M D S I V P C I N A E C O L C
```

AQUATIC
BREEZY
CALM
COASTAL
CRYSTAL
DELIGHTFUL
GOLDEN
INVIGORATING
LAGOON
LUMINOUS
OCEANIC
PEACEFUL
PEBBLE
RELAXING
SANDY
SCENIC
SURF
TRANQUIL
VAST
WAVY

WISH YOU WERE HERE

```
J O S G G Y E A R N I N G Z K
H C F J L N H E M O T I O N S
L A B S E N C E C H T R A P A
L N C E C S I N I M E R J L G
O T O H X E S L O N G I N G D
G J L S E G N I S S I M H O E
D I N E T S E N T I M E N T T
T E I O F A D I S T A N C E A
V O S L I T L Y Y I T C U Y R
S G G I O T R G E S M J U A A
G E C E R N C A I L K N N W P
C D R Y T E E E E A O M O A E
W C W O T H T L F H E V Z R S
R D T X D I E S Y F S S E A W
S G N O N A T R T L A M E F S
```

ABSENCE
ACHE
ADORE
AFFECTION
APART
DESIRE
DISTANCE
EMOTIONS
FARAWAY
HEARTFELT
LONELY
LONGING
LOVE
MISSING
NOSTALGIA
REMINISCE
SENTIMENT
SEPARATED
TOGETHER
YEARNING

HONEY VARIETIES

ACACIA
ALFALFA
AVOCADO
BASSWOOD
BUCKWHEAT
CLOVER
EUCALYPTUS
HEATHER
KALMEGH
MANUKA
ORANGE BLOSSOM
RAPESEED
ROSEMARY
SAGE
SAVORY
SOURWOOD
THYME
TULIP POPLAR
WILDFLOWER
YELLOW BOX

```
K T S U T P Y L A C U E Y Y F
G A I V S V U H A E Z E E R R
X Y M J D G V F G S E L M A G
X O Z O B B L A A E L M L D G
A Z F N S A U V E O M P Y V V
Y D E P F S O C W J O L T H J
R D O L A R O B K P L R A Z T
A O A O Y V O L P W E L K K C
M O A T W X O I B H H S U B R
E W C N W S L C T E A E N F E
S R A Q L U S A A G G M A X V
O U C C T G E A E D V N M T O
R O I I P H I O B Y O K A U L
G S A P H D E E S E P A R R C
G A X W I L D F L O W E R H O
```

MUSIC GENRE

AMBIENT
BACHATA
BALLAD
BLUES
BOSSA NOVA
CALYPSO
CHANSON
CLASSICAL
COUNTRY
DISCO
EDM
FUNK
GOSPEL
GRUNGE
K-POP
MERENGUE
OPERA
POP
REGGAE
ROCK

```
Z L F A R K N U F G O S P E L
P L F C O X P X O P E R A J M
P X B B C W J O E G N U R G D
O A I O K M X C X B R F Z O E
P M H S C L A S S I C A L O M
K B H S B N H I P H U I S I N
K I L A D A A D R E Y P N O C
J E S N I J C P V L Y C T M O
C N E O G C X H H L X Y B K U
H T I V C X K D A L L A B I N
A P A A O R F C S T F T B L T
N O R E G G A E S R A U E N R
S P G W D H G G V S K X L N Y
O X I U Y S E U L B B Q O S E
N H H T B H E U G N E R E M R
```

FEELING BLUE

```
N Z M E L A N C H O L Y L V X
L E C I T S I M I S S E P M W
D A L T L U F N R U O M V P Z
K O M L D O L O R O U S D E D
H W W S A F K B G W K E B I D
K E C N I F Q U O B S T S W R
A S A F H D T E N P W H E F D
E O T R G E F S O A E R Z G E
L R S A T U A N E A P D C Y S
B R A R L B D R R R W E I M S
E O C J E E R T T B C V G O E
O W N Y N B E O B E M E A O R
N F W T S N M L K V D I R L P
P U O M E F U O X E W R T G E
X L D D P E J D S K N G W J D
```

BLEAK
BLUE
CRESTFALLEN
DEPRESSED
DESPONDENT
DISHEARTENED
DISMAL
DOLOROUS
DOWNCAST
DOWNHEARTED
GLOOMY
GRIEVED
HEARTBROKEN
MELANCHOLY
MOURNFUL
PESSIMISTIC
SOMBER
SORROWFUL
TRAGIC
WOEFUL

I NEED MY COFFEE

```
K O P I L U W A K E N S V V P
D U Y E T I H W T A L F P V Q
Y R P Q R F S E O I P P O D O
R Q E C A P P U C C I N O N K
J A O A B J B V H J O I A L E
W J T K N W A S Y N M C O E P
C B C L Z N I F I C I A L S P
O R J U A K E S F R G E I P A
R E W O R R S I E O T T A R R
T V A U A E B M V X G T N E F
A E T R R U A I X A E A G S A
D B T P H R C O G S A L T S H
O P S O T T E R T S I R S O C
W E T G N N H N B O G N U L O
X L U U R O T A I H C C A M M
```

AFFOGATO
AMERICANO
BREVE
CAPPUCCINO
CORTADO
DOPPIO
ESPRESSINO
ESPRESSO
FLAT WHITE
FRAPPÉ
GIBRALTAR
KOPI LUWAK
LATTE
LUNGO
MACCHIATO
MOCHA
OLIANG
RISTRETTO
TURKISH
VIENNA

EGYPTIAN'S DIVINE RULER

AHMOSE
AKHENATEN
AMASIS
CLEOPATRA
DJOSER
HATSHEPSUT
KHAFRE
MENKAURE
MERENRE
MERNEITH
NEFEREFRE
PEPI
PSUSENNES
RAMSES
SENUSRET
SETI
SOBEKNEFERU
TAKELOT
THUTMOSE
TUTANKHAMUN

```
I P E P S R T A K E L O T N H
T I M E R N E I T H U U U E A
H U T M E R E N R E V A S T T
L I T Y S Z N Z N F M E G A S
S E R A E L W E Q I N P A N H
I S A Y N J A P R U V W Q E E
S O M Q N K Y H S U M X S H P
A M S Z E P H R Z E A O Y K S
M T E J S E E A R R M K P A U
A U S M U T K F M H E N N Y T
W H O S S X A D A U Y S B E X
M T W V P H I M J H N D O Y M
S O B E K N E F E R U E Q J C
K O Q C L E O P A T R A J W D
U P S X J J N E F E R E F R E
```

TIMELESS TREASURES

ARTIFACT
BRONZE
BURIAL
CARVING
COIN
DOCUMENT
EPIGRAPHY
FOSSIL
INSCRIPTION
MANUSCRIPT
MUMMY
RELIC
SCULPTURE
SHRINE
STONEWORK
TAPESTRY
TERRACOTTA
VASE
WALL ART
WRITINGS

```
B E N S Z F Y R E L I C G W E
R N Y R T S E P A T R Q N J Z
M Q G S T O N E W O R K I Q N
A Y H P A R G I P E Y V V L O
N O I T P I R C S N I A R T R
U N H B M L F C T T F Y A Z B
S N R G U O S N C R Z U C A Q
C V I P S R E S H R I N E N I
R T M S J M I A R T I F A C T
I O I N U V R A A Y M M U M V
P L I C Z R A K L U J F C G A
T O O B L E R U T P L U C S S
C D T E R R A C O T T A M T E
M P C D I L W R I T I N G S X
U Q G S A W A L L A R T S W L
```

Puzzle 1

```
A A I R E G I N S W P S S G Y
A L O G N A N S O M A L I A M
I G X W A Y N E K A G A B O N
T F F O S A F A N I K R U B A
U E T H I O P I A U Q Z T O W
O X W Q O B G E Z L X A A T T
B U Q F E J W C D O I V N S I
I Z S N K B A J B R P A Z W N
J T I T A M B J E E E B A A I
D N K B E N A B L N I L N N T
P Z M R G O I N I Y X C I A A
J I O W O L H U A S U H A V W
Z O J H Q V G V L H M A O C S
N D B U R U N D I Z G D C R E
R A I R E G L A Q J U E V Q F
```

AFRICA ISN'T A COUNTRY

ALGERIA
ANGOLA
BENIN
BOTSWANA
BURKINA FASO
BURUNDI
CAMEROON
CHAD
DJIBOUTI
ESWATINI
ETHIOPIA
GABON
GHANA
GUINEA
KENYA
LIBERIA
NIGERIA
SOMALIA
TANZANIA
ZIMBABWE

Puzzle 2

```
E C A P S R E T U O B A C Q N
I K O N I G R A M R F L M O X
W N N E J F F O K C A B I E W
E D D Z C V K R G L L T Y D K
G X L E G N E Z R D A D C Z H
N G O S P S A S T R O N A U T
A Y O P P E O T A N W E V M N
R I X I L L N P S T M N I O O
T J T A I A E D E I U O R D I
S E M T L S N I E N D L P E T
E W U T I A U E P N Z A S E A
O D P J B Q G G T Q C L S R L
E P K W U N I V E R S E U F O
Z E H Z A B O U N D A R Y I S
A M N O I S U L C E S X Y U I
```

GIVE ME SOME SPACE

ALONE
ASTRONAUT
BACK OFF
BOUNDARY
DISTANCE
ESTRANGE
EXOPLANET
FREEDOM
GALAXY
INDEPENDENCE
ISOLATION
MARGIN
OUTER SPACE
PRIVACY
QUIET
RESPITE
SECLUSION
SEPARATION
SOLITUDE
UNIVERSE

HUNGRY OR HANGRY?

ANGRY
ANXIOUS
BITTER
CRANKY
DEMANDING
EDGY
FAMISHED
FRUSTRATED
GLUTTONOUS
IMPATIENT
IRRITABLE
LIVID
MOODY
NEEDY
PEEVISH
RAVENOUS
STARVING
STRESS
VORACIOUS
WOLFISH

```
Z C X H S F D B G H L G M I I
T R U Y S J A N S I Y D O O M
R A W R C I I M V T D U F C P
K N S G E D F I I M R F W F A
V K F N N S D L A S T E G R T
U Y R A I U X N O K H L S U I
A V M V Y O X Y E W U E F S E
S E J Q H I Q L C T R K D T N
D U S O O C B S T Y E C P R T
L R O U E A B O G U T T E A Y
X T S N T R N D T O T D E T D
B B O I E O E B L O I U V E E
H V R A U V Q P A U B M I D E
J R U S S T A R V I N G S Y N
I F S B N A P R S L Q B H L B
```

SPIRIT OF THE RAINFOREST

ANCESTORS
ANIMISM
BIODIVERSITY
CANOPY
CHANT
ECOSYSTEM
GUARDIANS
HARMONY
INDIGENOUS
JAGUAR
LORE
MYSTICISM
PRIMAL
RITUAL
SACRED
SHAMANS
SPIRITS
TOTEM
TRIBAL
WISDOM

```
V L J J B S J Q S P I R I T S
C O A K R S R U Y P O N A C M
S Q K U E F U O J A G U A R L
N F Y Q T J D D T C I N A H A
A B I O D I V E R S I T Y C B
I K Q E E E R E I S E H E P I
D X G I C P B T N M H C X F R
R U W S O R I O D Y A M N T T
A I I A S I K T I S R S T A P
U Z S C Y M G E G T M I J M C
G E D R S A W M E I O M C Z J
N R O E T L A V N C N I H V V
S O M D E J J O O I Y N A G E
G L D Z M B C O U S C A N T Z
A S H A M A N S S M U U T Q R
```

```
H E L I C O P T E R T V Y O D
H Z T Z R U E F F U A H C N N
V V S E S U O H T N E P W E A
S I B I L L I O N A I R E R L
O U N N O I S N A M Y J E J S
P J P T G Y O Q A H R L K S I
N F S E A O I T O C T P T W E
H A P P R G L H N U A E G X T
B M A E A Y E D B E P V A W A
E O L X S C A W L C D I I P V
N U A E T T E C I E R L B A I
T S C L Y A A T H N A V O H R
L A E O X Q O T R T E F I G P
E R V R V X W A E I P V C B W
Y T E J E T A V I R P L I D L
```

CRAZY RICH

BENTLEY
BILLIONAIRE
BUTLER
CAVIAR
CHAUFFEUR
ESTATE
EXOTIC PETS
FAMOUS ART
GOLD LEAF
GOLDEN TOILET
HELICOPTER
MANSION
PALACE
PENTHOUSES
PRIVATE ISLAND
PRIVATE JET
ROLEX
SPACE TRIP
SUPER YACHT
VINTAGE WINE

```
V C V M R H M N K C Q S E I P
J I K O F L E E T I N G U C M
E T E M K Y P D M A B I V H M
L S X E O T R I P O D K I E L
B I Q N B C N S C J R C S R A
A T U T R E H E L T S Y U I R
T R I A R O A T M A U Q A S E
T A S R T P V U I U N R L H M
E I I Y S I F L T M C R E E E
G V T N B U A T Y I E O E D H
R E E I N S T A N T F L D T P
O P Q B T M Z P K A U U E Y E
F Y P I P R E C I O U S L S E
N Y N L X X S U O N I M U L S
U G V C I M M O R T A L J Z D
```

PRESENT MOMENT

ARTISTIC
BEAUTIFUL
CHERISHED
DOCUMENT
EPHEMERAL
ETERNAL
EXQUISITE
FLEETING
IMMORTAL
INSTANT
LASTING
LUMINOUS
MEMORY
MOMENTARY
PICTURE
PRECIOUS
SNAPSHOT
TIMELESS
UNFORGETTABLE
VISUAL

BETTER LATE THAN NEVER

BEHIND
BELATED
DEFERRED
DELAYED
DILATORY
DILATORY
HESITANT
LAGGING
LATECOMER
LOADING
MISSER
OVERDUE
POSTPONED
PROCRASTINATED
SLACK
SLOW
TARDY
TARRYING
UNPUNCTUAL
UNTIMELY

```
P Q D E R R E F E D Y L E U C
D I N G K B E L A T E D J E G
E T I I T V V E S L E B R N V
T K H R L E U I L N F X I A M
A U E L P D B O O E C D D U T
N C B K R F J P O C A I I N K
I Y L E M I T N U O L H L P L
T K V Q B S G A L A E V A U A
S O X M O T K W T S D G T N T
A M S P T H H O I K E N O C E
R I S L O W R T G C L I R T C
C S M T R Y A T Q A A G Y U O
O S N R X N W N K L Y G B A M
R E K O T P N P E S E A S L E
P R G N I Y R R A T D L O X R
```

GREAT DEPRESSION

BANKRUPTCY
BREADLINE
COLLAPSE
CRISIS
DEBT
DEFLATION
DEPRESSION
DUST BOWL
ECONOMY
HARDSHIP
HOOVERVILLE
JOBLESS
MIGRATION
POVERTY
RECESSION
RELIEF
SOUP KITCHEN
STOCK MARKET
UNEMPLOYMENT
WELFARE

```
F W S T O C K M A R K E T Z G
T C O L L A P S E R A F L E W
N V S S E L B O J P Z Y T D E
E N I O C N R B I Z C R Q E Q
M O S V U J I H O T B E D F J
Y I I E Q P S L P S N I N L N
O T R Q K D K U D L B O X A O
L A C E R H R I W A I H Y T I
P R A A L K E O T S E T D I S
M G H O N I B C S C R R A O S
E I G A L T E E O E H M B N E
N M B D S K C F V N A E T Q R
U G Q U T E U O E U O O N E P
D D D G R I P Z M J X M H W E
H O O V E R V I L L E M Y Q D
```

SLEEPLESS NIGHTS

```
E P G A L T E J C N X J M I F
R D A J A Y L E N O L B K N G
U F Y T E I X N A I P S V S W
T C O N F L I C T S S E R O P
A E N I E F F A C Y P U N M D
R R E S T L E S S N E S S N E
E Q S S E R T S B E W S U I P
P C S G S Q Q A E I O I V A R
M L B L I G D P Z G R Y W F E
E I Y C C D O F H H K L L L S
T G X M R T X U J B L I W P S
O H Q E E I N W H O O M Q Y I
D T A G X G W T R R A A I O O
I M R C E C N I A P D F E P N
S U E R E M I T N E E R C S P
```

ANXIETY
BAD DREAMS
CAFFEINE
CONFLICTS
DEPRESSION
EXERCISE
FAMILY ISSUES
HUNGER
INSOMNIA
JET LAG
LIGHT
LONELY
NOISY NEIGHBOR
PAIN
RESTLESSNESS
SCREEN TIME
STRESS
TEMPERATURE
URGE TO PEE
WORKLOAD

UNDERSTANDING PHYSICS

```
H N E W T O N P A R T I C L E
A M U T N A U Q U F Y Q Z L E
O S C I M A N Y D O M R E H T
X A C C E L E R A T I O N T I
E N O I T C I R F M W F V G X
Y Q K Y G I D P K T M T E N M
K T U W Z R P M A S S M L E U
E R I A P K A S V A O O O L T
C E O V T L M V C V S T C E N
I C B W I I Y B I I O A I V E
T R M K P T O W E T M Z T A M
E O R P I I A N Q E Y A Y W O
N F C A L C U L A T I O N P M
I Z O R M B B O E O D R H Y F
K Y G R E N E N C R G Q U M D
```

ACCELERATION
ATOM
CALCULATION
DYNAMICS
ENERGY
EQUATION
FORCE
FRICTION
GRAVITY
KINETIC
MASS
MOMENTUM
NEWTON
PARTICLE
QUANTUM
RELATIVITY
THERMODYNAMICS
VELOCITY
WAVELENGTH
WORK

THE LOST CITY

- ANGKOR
- ATLANTIS
- BABYLON
- CARAL
- CIUDAD PERDIDA
- EL DORADO
- HERACLEION
- KAMINALJUYU
- LEPTIS MAGNA
- LOST CITY OF Z
- MACHU PICCHU
- MOHENJO DARO
- PALENQUE
- PETRA
- POMPEII
- SHAMBHALA
- TIKAL
- TROY
- VINETA
- YAXCHILAN

```
U E L D O R A D O R C U S W U
C T S M A L A H B M A H S H Y
O I R I L Z L T N O H C K L U
R E U O T S A O R E A C V A J
A U E D Y N L G R W P I N N L
D Q F Y A Y A A V P O P A G A
O N W Q B D C L I X M U L A N
J E B A X L P V T F P H I M I
N L B M E F R E N A E C H S M
E A V I L P X J R H I A C I A
H P O A N G K O R D I M X T K
O N R V I N E T A B I O A P I
M A U D S J J J N F A D Y E Z
C C A R T E P L A K I T A L D
L Z F O Y T I C T S O L K O M
```

TOUCH ME NOT

- ALOOF
- AVOID
- BASHFUL
- CAUTIOUS
- DELICATE
- DISTANT
- EFFETE
- ELUSIVE
- FRAGILE
- HESITANT
- INTROVERT
- ISOLATED
- MIMOSA
- RECLUSIVE
- RESERVED
- RETICENT
- SENSITIVE
- SHY
- SKITTISH
- TENTATIVE

```
A E Y T I I E A P J Z D D I T
Z E H G J I N L S I A Q K N C
C Q S O L F L T U O D N A D V
A S H M U W R A R S M T S I H
U S E X F F B A U O I I H S S
T W D N H K V R G S V V M T I
I E E K S O E T E I X E E A T
O F L P A I N H X S L L R N T
U F I J B E T A P P E E X T I
S E C W C O L I U J J R C G K
O T A I K O R F V D I O V A S
L E T W O E H J X E A N W E H
U E E F E V I S U L C E R Z D
R B T E N T A T I V E D Z S D
H J D E T A L O S I W V Q P M
```

EVERY HIKER'S DREAM

```
T T S E R E V E Z L N B Q T A
P L I N M A E M N A A A A A G
U N J O J L I G N K U M M J N
O W U U Y U T R E G B G N I U
K K F U L A U R A O N W N X J
I W Z A L P M C R A F S O A N
L N K S A S N A P O U C T P E
I A O N U O A A P E Y I G O H
M M N S C I H N H L A L N T C
A A P A N S C U A G A A I O G
N A A I I I S S A M T N H C N
J S I H H F V Q O D X E S T A
A J S P C M B H B K O D A J K
R M G N I R I P S A Z O W G H
O G X Q D S U R B L E R H G V
```

ACONCAGUA
ALPAMAYO
ANNAPURNA
ASPIRING
BAKER
COTOPAXI
DENALI
ELBRUS
EVEREST
FUJI
HOOD
KANGCHENJUNGA
KILIMANJARO
KOSCIUSZKO
MAKALU
MANASLU
SHISHA PANGMA
TAMBORA
VINSON
WASHINGTON

WHAT A PRICK

```
S E K D R S K E F W U T T S B
A N P Y E O U J O Z D H U A Z
Z I N L L V I T P L H I N N F
K P I N E L I B C L A S T D K
C S H E E L O L W A T T S S Q
O K C E L J B H S Y C L E P X
D N R D R N K M E C H E H U Q
R Q U L B A H N A I L B C R E
U R A E S R I E P R W A N I O
B Z E X R P I J D C B R W L B
R O S E U J R E H G O H E X E
N G R C U Y B O R H E S B L B
V P R L O V L R T M R H X U P
R O L R S L O E A O R S O J Q
P R P D A A G K G B R F O G C
```

ALOE
BARB
BRAMBLE
BRIER
BURDOCK
CACTUS
CHESTNUT
CHOLLA
DEVIL'S CLAW
GORSE
HEDGEHOG
HOLLY
NEEDLE
PORCUPINE
ROSE
SANDSPUR
SEA URCHIN
SPINE
THISTLE
THORN

WORKING TOGETHER

ALLIANCE
ASSOCIATION
CAMARADERIE
COACTION
COHESION
COLLABORATION
COMBINATION
COMMUNITY
COOPERATION
COORDINATION
FELLOWSHIP
GROUPWORK
HARMONY
INTERACTION
INTERPLAY
PARTNERSHIP
SYNERGY
TEAMWORK
UNION
UNITY

```
O G J N O I T A R E P O O C S
A W R C P I H S R E N T R A P
V C N O O Y N O M R A H A U S
B O N O U M L O K O J C L N R
H L O D I P B G I B K N L O R
P L I U C T W I J N J O I I Y
I A T C O M A O N C U I A S A
H B C O A M U N R A M T N E L
S O A M C G U N I K T A C H P
W R R M T F L V I D C I E O R
O A E U I C L O R T R C O C E
L T T N O Z R H L A Y O I N T
L I N I N Y G R E N Y S O Z N
E O I T E A M W O R K S X C I
F N O Y E I R E D A R A M A C
```

AT THE END OF YOUR FINGERTIPS

ACCESSIBLE
ACTIVATE
AVAILABLE
BUTTON
CLICK
COMMAND
CONTROL
CONVENIENCE
DIGITAL
EASY
EFFORTLESS
FUNCTIONALITY
HANDY
INSTANT
INTERACTIVITY
KEY
NAVIGATION
QUICK
READY
SIMPLE

```
F U N C T I O N A L I T Y J Y
S F W J A C T I V A T E V T T
C O N V E N I E N C E N I L Y
Q L J N J U A S T Q E V L O D
G S I M P L E N G F I A S R N
E V Q C M P A Y F T T D A T A
L B P Z K T S O C I Q L C N M
B U M B S A R A G U I F C O M
A T F N E T R I I D O G E C O
L T I H L E D C P A Q O S P C
I O N E T D K G D O U V S V R
A N S N L N A V I G A T I O N
V S I Y Y D A E R U Q A B W F
A K E Y Y J J V J J D P L J T
Q W L N Z B E Y D N A H E Z F
```

MADE IN JAPAN

```
O P W O N S E N D S D N E Z I
H I H S U S I I A M W E R M V
A Q T M Y L X A J N N U I W N
I A E O Y F G Z E Z I H V V D
K O V S F B S U T B S M J R L
U I O S K T A K E A W M E B K
N U G O H S M A S N I N J A X
K Z W L Z X U Y O C P K O L S
K Z A B L G R T N M I O O W N
S O H Y Y Q A E O I E U B A V
R R S R K E I M M S U E K S K
A F I R G P A P I O N D P A P
M W E E F O Y U K T L E V B R
E C G H J V E R O Q A C E I X
N W L C H W M A N G A S M Y W
```

ANIME
BENTO
CHERRY BLOSSOMS
GEISHA
HAIKU
KIMONO
MANGA
MISO
NINJA
ONSEN
RAMEN
SAMURAI
SASHIMI
SHOGUN
SUSHI
TAIKO
TEMPURA
WASABI
YAKUZA
ZEN

SOMEONE LIKE YOU

```
T N E G I L I D O E E N C L L
A L G E N E R O U S U T I O P
C C B R I L L I A N T G T Y F
O I H W L W U Z W D E Q E A L
X P T A F L R Z I E L Z H L U
I D T E R T U G S W E D T U F
Y R L I N I N F E G G O A E T
C Z A P M G S E W Y A G P V H
F Z L G R I A M I I N D M A G
Y N N U F M S M A L T T E R U
E C H O N E S T U T I X X B O
H J O Y F U L X I J I S S B H
G N I Z A M A S Y C Q C E J T
N Y Q L N U R T U R I N G R M
K I N D A G N I R I P S N I C
```

AMAZING
BRAVE
BRILLIANT
CHARISMATIC
DILIGENT
ELEGANT
EMPATHETIC
FUNNY
GENEROUS
HONEST
INSPIRING
JOYFUL
KIND
LOYAL
MAGNETIC
NURTURING
OPTIMISTIC
RESILIENT
THOUGHTFUL
WISE

SUGAR RUSH

- BROWNIES
- CANDY
- CHEESECAKE
- CHOCOLATE
- COOKIES
- CUPCAKES
- DONUTS
- ECLAIRS
- FUDGE
- GUMDROPS
- ICE CREAM
- JELLYBEANS
- LOLLIPOPS
- MACARONS
- MARZIPAN
- MUFFINS
- PANCAKES
- PIE
- SODA
- TARTS

```
S H A H M A R Z I P A N E S F
N D W J L J Y C U E U O T O H
O O N K M D U T T L L U V R N
R Q G G N P S A N V N S C R S
A O W A C T L E P O E R R U P
C M C A R O A K D K L U A J O
A A K A C L C A A O O E E P R
M E T O P W P C S N L L E I D
S R H M T A N E T E L I Z E M
R C C U B A Q S Q Y I G S B U
I E F F P F J E B L P K S J G
A C U F O H O E Y A O L O N P
L I D I Y P A H F P P Y D O O
C Y G N Q N S C Z U S K A B C
E E E S S R T B R O W N I E S
```

BIG BANG THEORY

- ATOM
- COSMIC COOLING
- DECOUPLING
- EVOLUTION
- EXPANSION
- GALAXY
- GRAVITY
- INFLATION
- ISOTROPY
- MATTER
- MULTIVERSE
- NEBULA
- NUCLEOSYNTHESIS
- PHOTON
- PLANCK TIME
- QUARK
- RADIATION
- RELATIVITY
- SINGULARITY
- VACUUM ENERGY

```
Y G R E N E M U U C A V C N R
K J Y E M I T K C N A L P U G
T I S O T R O P Y A F B C C E
S M U L T I V E R S E O Y L X
Y T I R A L U G N I S T R E P
I N F L A T I O N M I E G O A
E B E J Z Q X B I V L N Y S N
G B V Y H V N C A A I M F Y S
A V O D F D C R T L A N N N I
L X L W J O G I P T O E K T O
A I U D O T V U T T B R D H N
X R T L U I O E O U A L M E X
Y P I W T C R H L U C D U S M
V N O Y E M P A Q A T O M I A
G V N D N O I T A I D A R S C
```

THERE'S MORE THAN ORANGE

```
H W Q C A R A C A R A X H E G
C O O V T T O C R U M K M Z T
C L E M E N T I N E S A A R O
G N Y E V R S T D N N H N M M
A J A F F A E A W I V F D T A
I S C Z Y J G E L R C T A A G
C A I E I U N M Z O J W R N R
N T E E W S A I N R E V I G E
E S U H B H R F V P W N N E B
L U N I D N O M A L A C N R T
A M U Q Q O D Q F T R I E I R
V A S Y F U O M O R O Z C N M
G L E V A N O M U S H Q B E N
L I M A S N L S E V I L L E E
L E E W N V B A O L E G N A T
```

BERGAMOT
BLOOD ORANGES
CALAMONDIN
CARA CARA
CLEMENTINES
HAMLIN
JAFFA
LIMA
MANDARIN
MINNEOLA
MORO
MURCOTT
NAVEL
SATSUMA
SEVILLE
SUMO
TANGELO
TANGERINE
VALENCIA
VERNIA SWEET

CAUGHT RED-HANDED

```
V J N C O L L A R E D D A X S
S N A R E F Y P J V F I Z T U
N N R T S P R U N N N M M D R
P J R M O A T W A C S P Q E E
A T E M P R H I R Y N L D T V
W R V J X T L I U H B I N S O
D P E I E E M J F R D C E E C
E R A A D I Y Z R B G A H R S
G F L U N C O V E R U T E R I
G Z E A W H D S Z D I E R A D
A Z T T O E U P I T L D P N U
B E E X T W Z O E S T S P A F
D B Q S X Z F T S P Y M A B F
A U U B D E N I A T E D W M M
X B V G B C A U G H T S Z I M
```

APPREHEND
ARRESTED
BAGGED
BUSTED
CAUGHT
COLLARED
DETAINED
DISCOVER
EXPOSE
GUILTY
IMPLICATED
INCRIMINATED
NAB
NAILED
REVEAL
SEIZE
SNARE
SPOT
TRAP
UNCOVER

PASTA PERFECTION

AGNOLOTTI
BUCATINI
CAMPANELLE
DITALINI
FARFALLE
FUSILI
GEMELLI
GNOCCHI
LASAGNA
LINGUINE
MACARONI
ORZO
PENNE
PICI
RAVIOLI
RIGATONI
ROTINI
TAGLIATELLE
TORTELLINI
ZITI

```
I R X F G K X Q F Y G B Q J N
P A I U R C V A N G A S A L C
E V N S F A R F A L L E E G D
N I O I E M P E P V P L N M V
N O T L N P I T T O L O N G A
E L A I Q A C L O E C E T A D
F I G O A N I J T C N E K T F
M U I Q G E E A H I H T M J M
A O R Z O L I I U J Z I T I S
C O I V D L Q G I L L E M E G
A P N O G E N B U C A T I N I
R M I A S I U N F D C N X U K
O G T P L P P N B M H C I F R
N J O D V T O R T E L L I N I
I T R U O D I T A L I N I G C
```

RENAISSANCE

ART
ASTRONOMY
CHIAROSCURO
CLASSICAL
COURTLY LOVE
CULTURE
DA VINCI
FLORENCE
GENOA
HUMANISM
INVENTION
ITALY
LITERATURE
MEDICI
MICHELANGELO
PERSPECTIVE
REBIRTH
REVIVAL
SCULPTURE
VERNACULAR

```
V C X K L I T E R A T U R E F
J W W S C U L P T U R E N N Z
K M C K J Y E R U T L U C O N
X O I L A V I V E R I D V I P
I F R C E L B H V T C A D T E
M V L U H V V B S R I V Y N R
S P E O C E O H E A D I O E S
I G X R R S L L T V E N S V P
N E O O N E O A Y R M C P N E
A N E G L A N R N L I I G I C
M O U N H Y C C A G T B A Y T
U A I T A L Y U E I E R E D I
H K I V M P D D L P H L U R V
W Y M L A C I S S A L C O O E
J W J X J Y M O N O R T S A C
```

THE BIGGER THE BETTER

```
O G X P F W L A V I S H Y X N
V E J P S Q E S U O M R O N E
J N C R D D M O N S T R O U S
K E O O L T P S U M F Z B C G
E R L D H A R I M M E N S E A
X O O I E T I C I L X E V N R
P U S G I V M T U P R X E S G
A S S I C E I F N Q S T L P A
N S A O D I I S P A U E P A N
S U L U Q T T Z S C T N M C T
I B M S N N D N M A D S A I U
V F N E O P D A A U M I B O A
E K L T S A V A O G Y V B U N
V P D D N A R G T R I E P S S
L U F I T N U O B P B G P W P
```

AMPLE
BOUNTIFUL
BROAD
COLOSSAL
ENORMOUS
EXPANSIVE
EXTENSIVE
GARGANTUAN
GENEROUS
GIGANTIC
GRAND
IMMENSE
LAVISH
MASSIVE
MONSTROUS
PLENTIFUL
PRODIGIOUS
SPACIOUS
SUBSTANTIAL
VAST

FERMENTED FOOD

```
C D W G S K J O E X G Y I U K
H L M Y S S X I L D I M J E K
A J X G K O M B U C H A N B D
O I G N O O G A B Y E M A S A
Y A B F E L L C J R P I K A E
J P D S A W L I S V M S I U K
K A O C C Y U F F A E O M E A
O T E Y H B R G L L T O C R Z
G K N E A W M L A B N E H K A
I T J U R U G T A Y Q R I R M
R R A H C R M P T V O J Y A A
I J N O N O M E K U S T G U A
B W G A H K V A S S F Q T T C
O B I S A M A L T U C K S A R
W N Y K H S I K C V I S Q F N
```

ACHAR
AMASI
AMAZAKE
BAGOONG
CHAO
DOENJANG
IDLI
KANJI
KIMCHI
KISHK
KOMBUCHA
KVASS
LABNEH
MISO
NATTO
OGIRI
SAUERKRAUT
TAPAI
TEMPEH
TSUKEMONO

SILENCE PLEASE

CALM
CLOSE-LIPPED
HUSHED
INAUDIBLE
LULL
MUM
MUTE
NOISELESS
QUIESCENT
QUIET
RETICENT
SERENE
SHUSHED
SHUT UP
SILENCED
SPEECHLESS
STILLNESS
SUBDUED
VOICELESS
WHISPER

```
C A V B V D S Q P K A D U F K
G D E H S U H V G U F M S I V
N F D L C N D O C T T S N O D
O D D E L P A H M Q E U I O E
I F E O P U K I J L U C H I C
S P U H M P L H H E E I E S N
E Q D K S L I C E L E H E E E
L U B O I U E L E N W V N T L
E I U S B E H S E S E F F R I
S E S T P M S S M S V R R E S
S S I S U Q P U A L O B E P T
B C O M U T E R N Y A L T S W
X E S S E N L L I T S C C I Y
P N T T C T N E C I T E R H D
X T P B E L B I D U A N I W F
```

SPECTRUMS OF MIND

AWARENESS
BRAIN
COGNITION
DIVERSITY
EMOTIONS
FOCUS
GENIUS
IDEAS
INTELLIGENCE
LEARNING
MENTALITY
MINDS
NEURODIVERSE
PERCEPTION
PSYCHE
REASONING
SENSORY
THINKING
UNDERSTANDING
VARIABILITY

```
Y T I L I B A I R A V Q G J S
J I M T E C C E U M I R L S T
P I A P S O S A E D I V E C Y
U N D E R S T A N D I N G M S
C D O R E L I E S I E K O E U
O I G C V M E F H R F X U N C
G V N E I S M A A C B N G T O
N E I P D N K W R V Y N C A F
I R K T O O A T F N I S X L B
T S N I R I F L B N I M P I T
I I I O U T F L O R R N Y T S
O T H N E O K S H C A F G Y S
N Y T V N M A M G E N I U S Y
T Q E C N E G I L L E T N I G
V S S Y R O S N E S D N I M O
```

HIPPIES

```
S P Y J P J F U W M Q J R T C
L O S O U L F O P N C A S O H
S A N Y O A O V O J I U U I A
E E T W C D R I Q N L N P Y R
B B E N S H T G B R T S L P M
I R D T E A E O E E K D M Y O
V C O L T D W D R R N A O C N
J C A I U D N C E E Y E D O Y
K L D U L A U E I L S B E M O
S E O Y W L Y R C G I L E M S
M U I V T D F V U S R C R U M
M Q S U E O E J F N N O F N U
J S R I C J K B O G J A O E R
G E T E E C A E P P C Y R V D
N O N C O N F O R M I S T T Y
```

BEADS
COMMUNE
COUNTERCULTURE
DRUMS
ECOFRIENDLY
FLOWER
FREEDOM
GROOVY
HARMONY
LOVE
MEDITATION
NONCONFORMIST
PEACE
PSYCHEDELIC
RAINBOW
TIE-DYE
TRANSCENDENTAL
VIBES
WANDERLUST
WOODSTOCK

CLOUD NINE

```
R O V M E X H I L A R A T E D
H Y B L I S S F U L C U M Y Z
D E L I G H T E D K A N M C G
C A A S S I L B B N M N E I L
P D W V L E L A T E D S R T E
H H H E E X Q F U D D H R A E
J A A P S N O B E G P O I T Z
E U P H O R I C N A V Q M S J
C H P Z D O P I R E S Q E C U
L Y I A T M M A R N U E N E B
T B N Z V A D J D V F Y T E I
O J E W E I O S H A Q H X C L
Y O S B S Y N T N A I D A R A
M Y S E E T Z E R U T P A R N
H H C D W G N I W O L G D B T
```

AWE
BEAMING
BLISS
BLISSFUL
DELIGHTED
ECSTATIC
ELATED
EUPHORIC
EXHILARATED
GLEE
GLOWING
HAPPINESS
HEAVEN
JOY
JUBILANT
MERRIMENT
OVERJOYED
PARADISE
RADIANT
RAPTURE

TIME TRAVELLING

ANACHRONISM
CENTURY
CHRONOMETER
CLOCK
CONTINUUM
DELOREAN
DIMENSION
EPOCH
ERA
FUTURE
HISTORY
PARADOX
PAST
PORTAL
QUANTUM
RETROCAUSAL
SPACETIME
TEMPORAL
TIMELOOP
WORMHOLE

```
T D L A T R O P U T S Y E X I
M I N T E M P O R A L M M R P
R M A Q U A N T U M S E I T M
Y E E O P A S T J I Q R T R U
Y N R C C T J F N A L A E L U
P S O J E J I O U R K T C A N
A I L H G N R M A T E I A S I
R O E K H H T V E M U S P U T
A N D L C T K U O L A R S A N
D F T A O C O N R Z O Y E C O
O P N A O H O H X Y A O B O C
X A Y L I R M V C D R Q P R A
J U C K H T F R E O Z E U T Z
A W X C B C A K O F P F B E M
H I S T O R Y A F W P E R R S
```

MINING PROCESS

BLASTING
COAL
DRILLING
EXTRACTION
FLOTATION
GEOPHYSICS
GOLD
HAULAGE
MINERAL
MINING
ORE
PIT
QUARRY
RECLAMATION
REFINING
SHAFT
SMELTING
TAILINGS
TUNNEL
VEIN

```
A V D R D G N I T S A L B D X
N P G N I N I F E R T L A I P
O F M M O K F L R Q U A A I W
I L T I A I S H Y C N R T I S
T A O N L Z T M D X N E D X G
A O Y I X J S C E D E N O R N
T C I N A H C O A L L I O A I
O O E G A K N X U R T M U U L
L T S F D D T A J J T I M E I
F L T W G L R E O G E X N R A
E N O I T A M A L C E R E G T
N Y R R A U Q L H Z D P H O D
I S R K S G N I L L I R D U L
E F E D S C I S Y H P O E G O
V S O R E S M H A U L A G E G
```

PITCH PERFECT

```
B B Y T I P I C V E L B E R T
X E A F F A L S E T T O P H N
O M H R S Z L X E R P A R I A
Z C H O I R Y N O Q E S J G D
B S H T U T O Z U S W S K H U
S C O V C R O I E T Y A R M R
C N R P I A W N D A A B X E E
O U H E R B B T E C G M U L S
P I A U S A R M C C U N H O I
E S R P O C N A S A T I E D R
R A M I C I E O T T V C I Y P
A C O T T R O N K O A M C O E
N U N C A F F D D S X V T B R
G A Y H V G H I S O K L I B V
E F U U E J D E S C A N T J Y
```

ALTO
ARIA
BARITONE
BASS
CHOIR
CRESCENDO
DESCANT
FALSETTO
HARMONY
MELODY
OCTAVE
OPERA
PITCH
RANGE
REPRISE
SOPRANO
STACCATO
TENOR
TREBLE
VIBRATO

FLOUR, BUTTER, SUGAR & EGGS

```
T Y T G C V S B V M Q Q K W Q
E R Q U D Q I C A E X C S T L
N Y E I N S P D O S U R B F E
G K S I C O E R F N N O S H D
I D S O C L D F P C E I O D U
E Y T V E N U T R M E S R A R
B T W I C P A Z O A I S R N T
I Y N Z M E Q N F J P A U I S
O E H A J K T B I Z E N H S H
S H E R W Q E T T F L T C H C
P R U U S E I P E I P O O H W
C C A N N O L I R L P L L K T
Y B R I O C H E O X A M D Z V
W W N I F F U M L D Q G U Y O
B T A R T W W D E R I A L C E
```

APPLE PIE
BEIGNET
BISCOTTI
BRIOCHE
CANNOLI
CHURROS
CREAM PUFFS
CROISSANT
DANISH
DONUT
ÉCLAIR
FINANCIER
GALETTE
MADELEINES
MUFFIN
PROFITEROLE
SCONES
STRUDEL
TART
WHOOPIE PIES

LOVE IS ......

AFFECTION
BEAUTIFUL
BOUNDLESS
CARING
COMPLICATED
DEVOTION
ENDLESS
ETERNAL
FULFILLING
GENTLE
HEALING
INFINITE
JOYFUL
KIND
MAGICAL
PASSIONATE
SELFLESS
SUPPORTIVE
TRANSFORMATIVE
UNCONDITIONAL

```
E V I T A M R O F S N A R T E
V B F U L F I L L I N G J V K
U B B E A U T I F U L V I I U
P A S S I O N A T E I T N N N
O C B H D A R G H S R D E F C
S E R W E I F B J O V L M I O
S N L B T M Y F P O T F Q N N
E D L O A C D P E N Y I R I D
L L M U C M U E E C W F X T I
F E A N I S T G V T T F U E T
L S G D L V F T Z O E I P L I
E S I L P I P X X Z T R O N O
S V C E M G N I R A C I N N N
R O A S O I E Z J B U E O A A
L W L S C D G N I L A E H N L
```

20 SHADES OF GRAY

ANTHRACITE
ASH
CHARCOAL
CINDER
DOVE
FOSSIL
GARGOYLE
GRANITE
GUNMETAL
IRON
LEAD
LUNAR
PEBBLE
PEWTER
PLATINUM
SLATE
SMOKE
STEEL
THUNDERHEAD
TUNGSTEN

```
P L A T I N U M L I S S O F L
J S D T Y I U L B H G K K V L
G R A N I T E E A Y X P N E E
B E Q Z A D D V Y O E T E R K
B T S J A N A O N W C T J X O
A I Q E L Y E D T G S R C P M
Y C L B A Z H E F T C T A Y S
T A K P T Y R G V R J U H H E
E R F Q E H E A Z H S N E O C
L H D X M S D R F S H G R J I
B T G I N A N G Q T I S N N L
B N R U U D U O C S H T U K U
E A Q J G D H Y Z B M E H I N
P P I R O N T L Q F Z N F L A
S L A T E U Q E C I N D E R R
```

OVERLOAD FORTE

```
E E G R U S A M P L I F Y E Y
E O Y W E F F O R T M X N C P
D U V S I I N S C M I U G N E
H D D E T T T A W G N N O E R
V I G O R R D X H N T E M I U
I V H H E B A D S O E D A L S
J N L N Y E U I I I N R G I S
U E G Z N T J R N T S U N S E
S T D E C G I Q D R E B I E R
H H R P Q I F S J E G J T R P
X G C I T M M R N X N E U A H
Y M J P E N T A E E P M D H L
Y F E F O R C E N N D Y E A F
E D A O L R E V O Y Z X K Z B
C Y T I C A P A C Y D Y H Z L
```

AMPLIFY
BURDEN
CAPACITY
DENSITY
DYNAMIC
EFFORT
ENERGY
EXERTION
FORCE
FRENZY
INTENSE
MAGNITUDE
OVERBURDEN
OVERLOAD
PRESSURE
RESILIENCE
STRAIN
STRENGTH
SURGE
VIGOR

BLACK DEATH

```
A E P I D E M I C V O N A I M
Y I B P E M I T C I V R P N F
N W R L E V A S P R E A D F N
E Y C E Y S R I N Q N N F E O
G W O H T G T O N D E L K C I
O H V P I C I I E I E H M T T
H Q T O L G A M L A S M V I A
T R U R A V I B S E E R P O T
A G I T T C C Y O D N V E N S
P V N S R L L B I U I C C Y A
L O S A O N U E H B U J E E V
C E W T M B V O N Q G W E S E
N N X A A A E U G A L P K N D
N G Z C L R K A E R B T U O R
Q U A R A N T I N E M H B K B
```

BACTERIA
BUBOES
CATASTROPHE
CONTAGION
DEVASTATION
EPIDEMIC
FLEAS
INFECTION
MEDIEVAL
MORTALITY
OUTBREAK
PANDEMIC
PATHOGEN
PESTILENCE
PLAGUE
QUARANTINE
RATS
SPREAD
VICTIM
YERSINIA

WALL STREET

- BEAR
- BROKER
- BULL
- CRYPTOCURRENCY
- DIVERSIFICATION
- DIVIDEND
- DOW JONES
- EQUITY
- ETF
- FUTURES
- INVESTMENT
- IPO
- LIQUIDITY
- MARGIN
- NASDAQ
- PORTFOLIO
- SECURITIES
- STOCK
- VOLATILITY
- YIELD

```
Y Y E X D U S E N O J W O D N
C J T Z Y T I U Q E N H Q N O
R V T I A I P O S E F H U M I
Y B O N D D I S G B V V U F T
P U T L E I N N R A A Y Y P A
T L R X A M U E H W Y I K O C
O L A S Y T T Q D S S E X R I
C S E F T E I S I I L U T F
U E B G N O U L E L V D N F I
R R C R D W C Q I V F I Q O S
R U B E A L O K V T N Z D L R
E T C K U A Z M V M Y I V I E
N U Y O N I G R A M P O Y O V
C F W R S E I T I R U C E S I
Y F F B V I Q A D S A N G R D
```

ASEXUAL ORGANISM

- AMOEBA
- APHID
- BACTERIA
- BLACKBERRY
- BULBIL
- CORAL
- DAFFODIL
- FERN
- FLATWORM
- FUNGI
- HYDRA
- LIVERWORT
- PARAMECIUM
- PLANARIAN
- POTATO
- SEA ANEMONE
- SPONGE
- STARFISH
- STRAWBERRY
- YEAST

```
M K T S A E Y X Q M O J A Y U
T O T A T O P Q U I D F R X C
A Z M Q Q C F I E V D R N F O
Y R R E B K C A L B E E L L C
F X C O N E I I N B D H I A H
N Y F F M O V D W X S R B T Y
C C A A P E M A A I M J L W D
Y O R P R L R E F F Y X U O R
G A R W H T A R N A F E B R A
P R O A S I A N P A B O F M M
O R Z N L T D H A U A E D O R
T X R C S F L R S R T E O I S
J E B V J I G N U F I K S M L
F C D S P O N G E D W A C Z A
I N G A I R E T C A B S N E V
```

Puzzle 1

```
P H A M B I T I O U S Q O P R
G D I D E A L I S T I C S P E
N D E T A C I D E D F G U E S
I I P C K D L D S I C B O R I
K N L Z N O E T B I P R I S L
R D E A N E A R T P E N T I I
O E R V N B I O I S S M N S E
W P U E L O I R P T B J E T N
D E T E S R I O E X E L I E T
R N A L T I N T T P W R C N T
A D M A N S W A I N X T S T L
H E P U I X D F R D J E N C A
D N U B Q E V I T C A V O L Y
B T L G E N E R O U S R C F O
Q E C I T S I M I T P O T W L
```

BABY BOOMERS

ACTIVE
AMBITIOUS
CONSCIENTIOUS
DEDICATED
EXPERIENCED
GENEROUS
HARDWORKING
IDEALISTIC
INDEPENDENT
LOYAL
MATURE
OPTIMISTIC
PATRIOTIC
PERSISTENT
RESILIENT
RESPONSIBLE
RETIRED
STABLE
TRADITIONAL
WISE

Puzzle 2

```
H O G V T L A A B D I B B B C
I E R O B O T K A T L E L Z Y
R H P Y R U A V C P E O P R D
S A X M G F A D A O O M R X E
N B W U E S L C S D L E Z V E
A L F C S T H L C T B M P T W
E O E A A T K L U R O U E R N
B W C B A S A E E B Z O E H O
R F A E A M S D R R D D L F S
O I D C E T L A A K N E E S M
T S I B K E I M V A G S K F I
S H K G D E U N E A I N W A J
A R J L C S E L A K A M O X B
C B I F A N O Z H M V D L B L
V W V C F A E L B R A B U H R
```

DEADLY DISHES

ACKEE
AMANITA
BAKED BULLFROG
BLOOD CLAM
BLOWFISH
BONGKREK TEMPEH
CASSAVA
CASTOR BEAN
CASU MARZU
DEATHCAP
FESIKH
FUGU
HEMLOCK
JIMSONWEED
LAAB DIB
OLEANDER
RAW CASSAVA
RHUBARB LEAF
TOADSTOOL
WILD ELDERBERRY

CROWN OF THORNS

AGONY
BLOOD
CHRIST
CRUCIFIXION
FAITH
HOLY
HUMILITY
JESUS
MARTYRDOM
PAIN
PASSION
PENITENCE
REDEMPTION
RIGHTEOUSNESS
SACRIFICE
SALVATION
SIN
SUFFERING
THORNS
VENERATION

```
C H R I S T H U M I L I T Y D
H F K V E N E R A T I O N R P
Y R S K Y P I T F N J G M I E
Y O E A E X A H J D L R O G N
C F Z D L C J I M O A C D H I
H R P B E V I S N O G B R T T
L O U P G M A F E L O N Y E E
N U L C N E P T I B N I T O N
O F L G I S P T I R Y E R U C
I A S U R F U W I O C F A S E
S I N S E Y I S D O N A M N U
S T R I F L F X E X N W S E H
A H O N F O C L I J X L L S G
P A H G U H X C D O G T I S F
B Y T Y S H E C O K N L Z L N
```

PARIS: CITY OF LOVE

ARTISTIC
BREATHTAKING
CHARMING
CULTURED
ELEGANT
FASHIONABLE
GOURMET
HISTORIC
ICONIC
INSPIRING
LIT
MAGICAL
MAJESTIC
MESMERIZING
PASSIONATE
ROMANTIC
SCENIC
SOPHISTICATED
TIMELESS
VIBRANT

```
Q C U L T U R E D S E K L A L
B I B V I Q F I R L V I D R N
I R V C L F C G B N M E L T S
M O E J D O U A K A T X X I Q
A T R A N Z N H J A E C M S H
G S Y I T O I E C T Z H E T V
I I C C I H S I A Y E A S I I
C H G H J T T N N J L R M C N
A N S C I S O A I F E M E T S
L A B C I I C C K W G I R N P
F D V H S B W D D I A N I A I
Z Z P S S C E N I C N G Z R R
T O A S S E L E M I T G I B I
S P Y C I T N A M O R G N I N
M E T E M R U O G Z W M G V G
```

THE DARKNESS ARISE

```
R G F X E W W V R J Y R V I G
E N T N E L O V E L A M U S R
B I Y J C E I B T H P G S E I
M D G E E E B V S G F U T N M
O O N R D D L E I E O A G I D
S B I I A I A E N N L D D G E
C E S F R S L K I O R E E M R
H R U Y K T O M S O E T N A E
A O O Y T U O E K I K A O T T
O F R D N R D Y L Q U L D I T
T A E O E B Y G S R P O N C U
I H G O L I P H M S D S A E L
C S N L O N G E D K E I B F C
K T A B I G Z A G Y K M A Q P
G V D K V B P T E R B A C A M
```

ABANDONED
BLOODY
CHAOTIC
CLUTTERED
DANGEROUS
DARK
DESOLATE
DISTURBING
EERIE
ENIGMATIC
FOREBODING
GRIM
ISOLATED
MACABRE
MALEVOLENT
MESSY
OMINOUS
SINISTER
SOMBER
VIOLENT

GIFT OF GAB

```
K X O N U C V E R B A L X K Z
B E E M O I U Y Y S O N C H L
C W T A X I V N U Q Z H E A D
J O A A X P T O U X A E C E J
R R B P L Y L A S T T O U Z R
E A E P A U C O S A V G K H Q
V T D P R I C N C R N V E K U
I O J R O I Y I E O E T E S X
S R A U A E N U T U O V P J K
A G S B S U G R K R L E N O C
U D L X M O E V I S A F C O Q
S E U M L V G C G K A R H F C
R R O A L T A L K A T I V E Z
E C I I Y U E C N E U Q O L E
P D S J E X P R E S S I V E S
```

ARTICULATE
CHAT
COMMUNICATE
CONVERSATION
DEBATE
DIALOGUE
ELOQUENCE
EXPRESSIVE
FLUENCY
GARRULOUS
LOQUACIOUS
ORATOR
PERSUASIVE
RHETORIC
SILVER-TONGUED
SOCIABLE
SPEAK
TALKATIVE
VERBAL
VOCAL

LEFT-HANDED

AMBIDEXTROUS
ASSIMILATION
AWKWARD
CLUMSY
CREATIVITY
DEXTERITY
DIFFERENT
DOMINANT
GAUCHE
LEFTY
OPPOSITE
PREFERENCE
RARE
SINISTRAL
SOUTHPAW
TENDENCY
UNCONVENTIONAL
UNIQUE
VERSATILE
WRITING

```
N X D I F F E R E N T F L K L
O Q S U O R T X E D I B M A V
I H D O M I N A N T T Y N I Z
T M W W R I T I N G T O O P Y
A Z A A N K R Y X I I F F E T
L L C I P A K E R T K X P L I
I O I Z R H T E N A L Y A I V
M A T E Z I T E E A Y S W T I
I U Y G S X V U R J C M K A T
S T P O E N Q T O Q N U W S A
S S P D O I S K T S E L A R E
A P T C N I V P K T D C R E R
O W N U N X H M D P N J D V C
H U L I O E C N E R E F E R P
B Y S G A U C H E Y T F E L I
```

DO YOU SEE THE CLOUD?

AMORPHOUS
BILLOWY
COTTONY
CUMULUS
DENSE
DIAPHANOUS
ETHEREAL
FEATHERY
FLEECY
FLUFFY
GAUZY
GOSSAMER
HAZY
MISTY
NIMBUS
PUFFY
STRATUS
VAPORY
WISPY
WOOLLY

```
Z C F M Y Z U A G V N W Y Y Q
Y W O O L L Y S P Z A R L W X
X S U O H P R O M A E Z M O O
S T D G Y D O S X H C H H L S
U L N D R I G I T U G B E L T
B F N I O O I A M B O R M I R
M W M A P F E U C C S I A B A
I K Y P A F L U D Y S Q Y G T
N X N H V U F Z C T A E Y L U
T W O A S U R E Y R M Y R P S
G I T N M B E P I I E X Z S F
O S T O N L C S T U R V B A K
I P O U F C D E N S E H G Q H
A Y C S L A E R E H T E X J S
Y F F U P I H Y F F U L F U N
```

Puzzle 1

```
A A W B L I N D S I D E D E C
N A S T O U N D L K C O H S U
H Y L D E N I M P R O M P T U
D S G U W P F R R E G G A T S
B T S A G R E B B A L F O B Q
U N F O R E S E E N E D D U S
N Z Z Q K D E T C E P X E N U
P M A H W I I Y K A E N S P H
L J H E F C Q G Q Q S U T E X
A J L T W T S W U N R P N R D
N E L T R A T S V P U R A P S
N D J F J B A A R R D N T L T
E D Q C W L Q I B K F W S E U
D M G L A E S A N F Y B N X N
V S S U O E G A R T U O I J U
```

DIDN'T SEE IT COMING

ABRUPT
ASTOUND
BLINDSIDED
FLABBERGAST
IMPROMPTU
INSTANT
OUTRAGEOUS
PERPLEX
SHOCK
SNEAKY
STAGGER
STARTLE
STUN
SUDDEN
SURPRISE
UNEXPECTED
UNFORESEEN
UNPLANNED
UNPREDICTABLE
WHAM

Puzzle 2

```
H G W Z J S U P P O R T E R W
E C I L P M O C C A J K Y S H
Z U N Z K E D A R M O C Q U U
K P G Z V Y J I K N N O O R D
C A M U C O N F E D E R A T E
I R A Y A K P Y J D J R E E P
K T N D S E A D B N P T C K D
E N F R S F V D L E O E O Z J
D E B Y O E Z U A I X A N U C
I R X O C L L B P R F M S S R
S I N N I L X M E F C M O P O
M A H G A O Y E N T H A R D N
A L O I T W Y F A I U T T Y Y
T L D Y E P V U E T M E Z K L
E Y A T S I N O I N U O R F U
```

HELPMATE

ACCOMPLICE
ALLY
ASSOCIATE
BUDDY
CHUM
COMRADE
CONFEDERATE
CONSORT
CRONY
FRIEND
MATE
PAL
PARTNER
PEER
SIDEKICK
SUPPORTER
TEAMMATE
UNIONIST
WINGMAN
YOKEFELLOW

HOT AND SPICY

ALLURING
AROMATIC
BLAZING
BURNING
FIERY
FLAMING
FLAVORFUL
HEATED
INCENDIARY
INTENSE
PEPPERY
PIQUANT
PROVOCATIVE
PUNGENT
SCORCHING
SEARING
SMOKING
TANGY
TORRID
ZESTY

```
M X B U R N I N G I Y O G V I
L B F L A V O R F U L P N T N
U L T N E G N U P P T I I U T
O A R U C F I E R Y N Q H F E
V Z B C B I J Y V D I U C R N
H I A A S W T R S I C A R Q S
G N I R U L L A Z R B N O G E
C G X A X L Y I M R U T C N L
R Q P J V R Q D W O L H S I S
E Y T S E Z P N U T R E Y R M
N X H P M J O E U L O A J A O
I T P O W C A C V S E T Y E K
N E F L A M I N G N P E R S I
P Y Y G N A T I L D G D N Y N
U Q E V I T A C O V O R P Y G
```

KEEP CALM AND ......

BAKING
CALLIGRAPHY
CAMPING
COOKING
CROCHET
DANCE
DO PUZZLES
DRAWING
FISHING
GARDENING
HIKING
JOURNALING
KNITTING
MEDITATE
PHOTOGRAPHY
POTTERY
READ
SINGING
STARGAZE
YOGA

```
M Y H P A R G I L L A C U L W
D E P I E W D O P U Z Z L E S
R C D S K F G S Y G R H G I C
A A A I B I I N N D Z U A M F
W M U B T N N I I Z S E R B I
I P J D G A L G V Y Z S D L S
N I O I X A T K R B T J E T H
G N N V N R K E Z A T U N E I
H G U R M G T N R C G A I H N
E G U I N T W G I Z I G N C G
R O L I O B A I D T Y O G O O
J X K P Q Z L A P V T Y M R Y
C A H N E A E T X W A I L C I
B Y H P A R G O T O H P N M B
M D A N C E G N I K O O C G A
```

SOUND AND PERCEPTION

R	A	L	I	S	A	B	V	E	S	I	O	N	E	P
A	P	S	V	T	O	N	O	T	O	P	Y	G	S	L
C	U	S	P	S	O	N	E	K	D	O	Y	Y	L	A
O	N	D	T	E	X	C	F	P	H	A	C	T	S	W
C	L	G	I	A	C	G	G	C	A	H	N	V	S	A
H	E	H	M	B	E	T	E	S	O	O	E	R	E	V
L	B	C	B	C	I	B	R	A	V	A	U	N	N	E
E	I	T	R	T	N	L	C	U	Z	M	Q	B	D	L
A	C	I	E	W	R	O	I	G	M	P	E	I	U	E
P	E	P	Q	D	U	M	P	T	I	L	R	N	O	N
S	D	K	K	S	Y	A	F	K	Y	I	F	A	L	G
O	X	O	T	Y	M	D	N	T	N	T	T	U	U	T
H	J	I	F	J	Q	O	H	T	H	U	F	R	H	H
U	C	M	A	S	K	I	N	G	U	D	Z	A	I	U
S	Y	R	O	T	I	D	U	A	M	E	B	L	B	G

AMPLITUDE
AUDIBILITY
AUDITORY
BASILAR
BEATS
BINAURAL
COCHLEA
DECIBEL
ECHO
FREQUENCY
LOUDNESS
MASKING
NOISE
PITCH
PSYCHOACOUSTICS
SONE
SPECTRUM
TIMBRE
TONOTOPY
WAVELENGTH

SIGMUND FREUD

S	W	O	G	E	R	E	P	U	S	F	Y	G	U	M
X	U	F	I	F	A	N	T	A	S	Y	B	S	D	P
K	B	O	S	U	P	I	D	E	O	B	U	R	S	I
Y	U	Y	I	O	N	Z	R	O	X	B	E	Y	N	V
E	P	T	X	C	T	O	D	Q	L	A	C	O	E	A
S	H	E	P	X	S	I	I	I	M	H	A	E	U	N
N	C	I	N	S	B	N	M	S	O	L	Y	E	R	A
E	A	X	L	I	Y	A	O	A	S	X	I	L	O	L
F	T	N	L	S	T	C	N	C	Z	E	X	Q	S	Y
E	H	A	G	I	X	A	H	S	N	V	R	V	I	S
D	A	O	O	P	L	J	R	E	M	U	A	P	S	I
Y	R	N	E	Y	K	G	E	G	O	V	A	M	E	S
B	S	T	S	Y	S	U	O	I	C	S	N	O	C	R
S	I	I	J	V	K	E	N	A	I	D	U	E	R	F
S	S	E	S	H	Y	P	N	O	S	I	S	U	C	E

ANALYSIS
ANXIETY
CATHARSIS
CONSCIOUS
DEFENSE
DREAMS
EGO
FANTASY
FREUDIAN
HYPNOSIS
ID
LIBIDO
NEUROSIS
OEDIPUS
PSYCHE
PSYCHOANALYSIS
REPRESSION
SUBLIMATION
SUPEREGO
UNCONSCIOUS

FAULT-FINDER

ANALYST
APPRAISER
ARBITER
AUDITOR
CRITIC
DETECTIVE
EDITOR
EVALUATOR
EXAMINER
FACT-CHECKER
INSPECTOR
INVESTIGATOR
JUDGE
MEDIATOR
MONITOR
PROOFREADER
QUALITY CONTROL
REVIEWER
SUPERVISOR
TESTER

```
I Q R R X T E V A L U A T O R
R R U X E J R U W A L I L V A
E E N A A V D M N E N U P Z S
N S X H L I I A E V D V I T W
I I M X T I L E E D D I P E R
M A R O D Y T S W R I R T E Z
A R R E S E T Y O E O A K O C
X P R T T I T S C O R C T I R
E P M O G I I E F O E M T O R
J A U A T V B R C H N I S E R
R U T C R I E R C T R T T S T
R O D E L A N T A C I S R P L
R C P G D B C O Z K E V V O L
X U C E E A D F M T J O E E L
S H R H F I N S P E C T O R U
```

BANANA, BANDANA

AND ......

BABUSHKA
BACTERIA
BAKLAVA
BALLERINA
BARISTA
BARRACUDA
BARRICA
BATATA
BAZOOKA
BEGONIA
BELLADONNA
BELUGA
BERMUDA
BLANQUILLA
BODEGA
BOLOGNA
BONANZA
BRIDEZILLA
BROMELIA
BRUCELLA

```
H B B A T A T A B B Z B R M Z
B R O F V B V T E E O X A N A
R O L O B O R L A D L N N D I
U M O S X E L I E T I U U I N
C E G P Y A B G D R S C G K O
E L N H D E A N E E A I M A G
L I A O R K A L L R Z D R E E
L A N M O V L Z R D L I W A B
A N U O A A J A G C K Q L B B
A D Z L B Z B L F X U Q C L H
A A K J B L A N Q U I L L A A
B A Z E B C A I R E T C A B Z
B H B D T B A B O N A N Z A W
C S V X B A R R I C A F C M D
B A B U S H K A B R Y H T H C
```

Puzzle 1

```
H S E C O S Y S T E M T I Q K
A C O N S E R V A T I O N T S
B O T Z S E W P R I C K L Y W
I O G N Q C T N E I L I S E R
T O E U E N Q F E G A I L O F
A D N B S E I C E P S U V S N
T G I O F C I P H D S J W C O
P H O T O S Y N T H E S I S I
F V D A J E T A M I L C L A T
Q O V N Y R J N Z R W O D E A
H D Q Y J O L F A A X V L R T
G R A S S L A N D T N S I I P
U M Y E B F I S Y B I M F A A
O Y F O D N Y N I Q P V E L D
T H W C O I G N I L D E E S A
```

PORCUPINE GRASS

- ADAPTATION
- AERIAL
- BOTANY
- CLIMATE
- CONSERVATION
- DENSE
- ECOSYSTEM
- FOLIAGE
- GRASSLAND
- HABITAT
- INFLORESCENCE
- LUSH
- NATIVE
- PHOTOSYNTHESIS
- PRICKLY
- RESILIENT
- SEEDLING
- SPECIES
- TOUGH
- WILDLIFE

Puzzle 2

```
Y B M H O N E K A T S I M Q Y
F K I J S T U M B L E Y M J B
M I S S T E P R D N U T L X O
D G C B V P H E K Y X X F Z O
V S U S F A B P W Z O R X N B
F H E N C A X K P U P I L S O
A C L Z C R T H G I S R E V O
U T Q L Q I E F O I B L E L X
L I E G H N C W M F F P C F G
T L P X A S A F U H A A S U A
G G Z Y J V E S I P U Y L M F
U F L A W O O W A S X Z I B F
L N O I S S I M O F P G P L E
W R E D N U L B Z H A R N E I
B U O I E S P A L R S J G M M
```

TO ERR IS TO ......

- BLUNDER
- BOO-BOO
- DEBACLE
- FAULT
- FAUX PAS
- FLAW
- FOIBLE
- FUMBLE
- GAFFE
- GLITCH
- LAPSE
- MISCUE
- MISSTEP
- MISTAKE
- OMISSION
- OVERSIGHT
- SCREW-UP
- SLIP
- SLIP-UP
- STUMBLE

OF DREAMS & FEARS

ASPIRATION
DREAD
FANTASY
FRIGHT
HOPE
IMAGINATION
INSECURITY
LONGING
NIGHTMARE
OPTIMISM
PARANOIA
PHOBIA
POSSIBILITY
REVERIE
TERROR
TREPIDATION
UNCERTAINTY
VISION
WISH
WORRY

```
Z I Y T N I A T R E C N U G P
I P O S S I B I L I T Y T M A
U N Z G N I G N O L H F N G R
R Z S M F X Y H O D P H Y O A
O I N E Y R N S T J U D R P N
R C M O C V I O A M X Y R T O
R A D A I U G G H T A Y O I I
E I B S G T R V H K N R W M A
T B I J A I A I W T T A E I E
X O T T X T N D T C H S F S X
N H A A Y H R A I Y E L Q M D
W P O U H S I W T P O C C R R
Y R E V E R I E O I E S J N E
D I O G N X P H I P O R K D A
A S P I R A T I O N D N T G D
```

VICTORIAN ERA

ARISTOCRACY
BONNET
CARRIAGE
CRINOLINE
DANDY
EMPIRE
FROCK
GASLIGHT
GENTLEMAN
INDUSTRIAL
JUBILEE
MANSION
MORALITY
PARASOL
PARLOR
POCKET WATCH
PROGRESSIVE
TOPHAT
VICTORIANESQUE
WORKHOUSE

```
P K L W A I T E N N O B E O G
W I V F O P A R A S O L V L T
X I I A R R Q S M A N S I O N
T N C G I O K Q S H L S S Y Q
H D T P L J C H F Q R X S C C
G U O H O T U K O O I E E A R
I S R N J C R B L U G X R R I
L T I A D F K R I A S I G C N
S R A M A H A E I L F E O O O
A I N E N P T R T A E V R T L
G A E L D M R A X W T E P S I
V L S T Y A C F H Q A R H I N
L F Q N C W V X F P N T U R E
A A U E R I P M E I O M C A N
P K E G M M O R A L I T Y H Z
```

WASTEWEIR

```
W I S E G A N I A R D M S H J
U S K L M T E R Y C P H G K B
I P X O A C C O B A R R I E R
A S Q C E U O T M J R A T R R
H K U K R D N A E X P B N R H
S Y V B T E T L M Q W W E O M
D A D O S U R U A A O S U V R
K I W R V Q O G T L E L L E S
T R V S A A L E F R O E F R P
L M L E G U R R V L E V F F I
R S E Y R W L O F T X E E L L
N I Z R A S I I A M C E C O L
G J W Y H R I G C M T X Z W W
P H L X O F L O O D G A T E A
L E N N A H C X N M A D E R Y
```

AQUEDUCT
BARRIER
CHANNEL
CONTROL
DAM
DIVERSION
DRAINAGE
EFFLUENT
FLOODGATE
FLOW
GATE
HYDRAULIC
LEVEE
LOCK
OVERFLOW
REGULATOR
RESERVOIR
SPILLWAY
STREAM
WATERWAY

SHAMANISM

```
Q E U O T D N E C S N A R T U
A N F M T W F N S P I R I T S
W E J Y H W J D A A U D A X A
R R O V R W X J J N N V U E Q
I G A C S M E D I C I N E F D
T Y Z H D C Y A J E E S M W C
U P E A L E G D C S U W E B M
A E V N R X T N X T U G T H O
L R N T O O A A S O Z Y O V D
S U V I W R U A D R T P T F S
T T I N T R C O D S H M B F I
H A S G A R G N I L A E H A W
D N I X E W G N I M M U R D S
H F O D N O I T A T I D E M B
W A N I M A L S H A M A N O L
```

ANCESTORS
ANIMAL
AURA
CHANTING
DRUMMING
ENERGY
HEALING
MEDICINE
MEDITATION
NATURE
RITUALS
SACRED
SHAMAN
SPIRITS
TOTEM
TRANCE
TRANSCEND
VISION
WISDOM
WORLDS

FEAR NOT

ADVENTURE
BOLD
BRAVERY
CHALLENGE
COURAGE
DARING
DAUNTLESS
FEARLESS
GALLANT
GUTS
HEROIC
INTREPID
LIONHEART
NERVE
PLUCKY
SPUNK
STALWART
TENACITY
UNAFRAID
VALIANT

```
A I X S D I P E R T N I D P H
D D E T R V A L I A N T L H P
A K V T S L V T Z G L U J E A
R L R E G S R V P Q C O N R G
I Z E S N A E I Z K T Y O O U
N Z N Y W T Z L Y I A B T I N
G D Z L P C U E R K R P R C A
Q X A F T W U R Y A D R A K F
S T Y U Q J A R E U E O E T R
S T E G N E L L A H C F H N A
C O U S R T O K D L O B N A I
J P J G Q T L S P U N K O L D
Y R E V A R B E O P E Q I L O
E E G A R U O C S F A B L A P
X Y T I C A N E T S R K C G R
```

WONGA-WONGA

ALBATROSS
BOWERBIRD
CANARY
COCKATOO
CURLEW
DOVE
EGRET
FALCON
FINCH
HERON
HONEYEATER
KINGFISHER
KOOKABURRA
LORIKEET
MAGPIE
NIGHTJAR
PIGEON
ROSELLA
SANDPIPER
WREN

```
R E T A E Y E N O H R Z V W R
T M C P L R E A C A N A R Y S
C E P T S W I X R O S E L L A
W E E R C R P I G E O N X Z N
A U E K D Y G Q E V O D E X D
G L S P I D A F O V T I M J P
R P B K E R M D X F A R H C I
A T W A H I O H Q Q K N R S P
J E N H T B E L V O C K G Q E
T R O A R R U B A K O O K C R
H G C U O E O G M C C U H U W
G E L N N W P S K W X H C R H
I R A V K O O P S W R E N L X
N C F E U B S A U C Z T I E D
T C R E H S I F G N I K F W E
```

SERIOUSLY, HUMOR

```
A Q Q N Y C K X V H L L E X D
K B X N S R H P C A J A C X R
B N O L U T W U I G V U R U R
L R S Y O P D V C M C G A G G
I K A Q I G O P S K O H F C Z
P J T O R J Q U J F L T M A K
J Y I E A G S N B T Y E H R Q
E D R V L I I R D H D R D I Q
S O E J I G L V G I E Y D C W
T R R Y H G L S N F M N C A I
E A J Y J L I M I N O N Q T T
R P D L Q E N D S G C U Q U T
B A N T E R E R U B A F G R Y
Q K P L A E S Y M F K G D E U
U Q G V X P S E A X A V R P W
```

AMUSING
BANTER
CARICATURE
CHUCKLE
COMEDY
DRY
FARCE
FUNNY
GAG
GIGGLE
HILARIOUS
IRONY
JESTER
JOVIAL
LAUGHTER
PARODY
PUN
SATIRE
SILLINESS
WITTY

POSITIVE DISCRIMINATION

```
P M T N E S E R P E R S T E Y
X K P Z Q Q E Y E U B U I C T
N L V C H Q U Y H N X P R N I
O S A A M K I A X P S P E A S
I S H I F Y U C L T N O M T R
T E Q F T F P J I I L R P S E
O R G I A N I F U X T T O I V
M G Y E J I E R U S G Y W S I
O O T J L N R R M P T G E S D
R R I V E I Q N E A L I R A O
P P U B E E V W E F T I C N K
C H Q U Z B A I V S E I F E T
G R E Z B U I Y R J S R V T M
Y T I N U T R O P P O Y P E A
O N P L E H I N C L U S I O N
```

AFFIRMATIVE
ASSISTANCE
BENEFITS
DIVERSITY
EMPOWER
EQUALITY
EQUITY
FAIRNESS
HELP
INCLUSION
JUSTICE
MERIT
OPPORTUNITY
PREFERENTIAL
PRIVILEGE
PROGRESS
PROMOTION
REPRESENT
SUPPORT
UPLIFT

SPICE UP YOUR COOKING

BASIL
CARDAMOM
CAYENNE
CINNAMON
CLOVES
CUMIN
DILL
FENNEL
GARLIC
GINGER
MUSTARD
NUTMEG
PAPRIKA
PEPPER
SAFFRON
SAGE
TARRAGON
THYME
TURMERIC
ZA'ATAR

```
C B U G T C K P G A H V V V C
S G M M M I C L E K R O K F G
E A F E N N E L M I E T U Z R
G A G N W N U R T R P N V H R
A G G E I A M R U P P C B O N
R D I L L M O Z N A E U R O C
L C N E E O M Y O P P F G F Z
I A G M Y N A U Q I F A U A X
C Y E Y J P D D D A R Y A J K
M E R H S L R F S R K T N B B
B N X T N A A J A J A I S J B
A N J K T S C T U R M E R I C
S E M S Q T V N O U B B V R M
I B U S N K Y U C Z H H F R C
L M U S E V O L C E Z D G F K
```

IT STARTS WITH U

UBIQUITOUS
UKRAINE
UNIBROW
UNICORN
UNIFORM
UNIFY
UNION
UNIQUE
UNISEX
UNISON
UNIT
UNIVERSITY
UROLOGY
USABILITY
USER
USUALLY
USURY
UTERUS
UTILITY
UTOPIA

```
H U E W H Y M A I P O T U O Y
J Z G K N M T Q G L K K G U T
P F M U R M L I F Z R Z Y R I
N P Q N O F D I S A R Q F O L
Y B V I C Y G W I R L R I L I
L J W Q I T A N U G E J N O B
L C R U N I E A B U F V U G A
A B J E U L O K I C J R I Y S
U W O R B I N U Q W I E M N U
S D K C A T L S U X E S I N U
U U O S E U N U I Y F U F P Q
E H D L X X J R T J D X U M N
S U R E T U N Y O O E N Q S Z
W C C K M K Z N U N I F O R M
W F N O S I N U S T N O I N U
```

IT ENDS WITH US

```
T F M N U M P L U S R Y Q G T
F I S U I D A R U C S D S S S
S U N M U L A O A U P D U U U
V Z Z G N Q L C O W R B O O O
I H U K G E T I Y S S Y I V N
R X Q T V U G T S U O M X R I
T U D R S A F J C U I E N E M
U M A I T A P A H R I W A N U
O M C N N G B U A R C N D U L
U K O I D A M C X R J F E L Z
S C M X B O U C I R C U S G S
M U I Q R L I B G B O N U S U
S F X O O S O S U P O T C O C
B Y U U A M O R P H O U S U O
M S S R B T S Q Z H L K W Q F
```

ABACUS
ALUMNUS
AMORPHOUS
ANIMUS
ANXIOUS
BONUS
CACTUS
CIRCUS
CONTAGIOUS
FOCUS
GENIUS
HUMOROUS
LUMINOUS
MARVELOUS
MIRACULOUS
NERVOUS
OCTOPUS
PLUS
RADIUS
VIRTUOUS

THE CITY THAT NEVER SLEEPS

```
Y E C N A N I F E Z I T T L E
C U D C E Q L M O Y L E W I Z
A H X I P N P F A X R Q S B K
G G J B V I I W W A C I G E B
E R D N R E B L U D L M M R K
L A E E E U R Q H O L L A T R
P N J L S W S S P G L D N Y A
P D Y J S S Y O I B I M H S P
A C H A E Y R O R T S H A K L
G E N M W T R O R N Y E T Y A
I N I O E D O H E K U C T L R
B T K M S K A E C T C R A I T
C R A P L D U O A J H I N N N
N A V Y W Q U T R M G P T E E
W L N J M U S H W B I U U Y C
```

BIG APPLE
BROADWAY
BROOKLYN
CENTRAL PARK
CHRYSLER
DIVERSITY
EMPIRE
FINANCE
GRAND CENTRAL
HIGHLINE
HUDSON
LIBERTY
MANHATTAN
METROPOLIS
NEW YORK CITY
QUEENS
SKYLINE
STATUE
SUBWAY
TIMES SQUARE

FAST AND CURIOUS

AGENT
AIR CONTROLLER
BROKER
CHEF
CODER
CONTENT CREATOR
CYBER ANALYST
DETECTIVE
EDITOR
EMT
ER DOCTOR
EVENT PLANNER
FIREFIGHTER
JOURNALIST
PAPARAZZI
PARAMEDIC
PILOT
POLICE
PUBLICIST
WAITER

```
C V W C T S R E T I A W X R C
I O D H Y S B W N O T R E P A
Z D N L D E I D N N L T R A C
Z S L T C E Z C B O H I I R Y
A M T I E F T R I G V R P A B
R D L A E N O E I L C Q R M E
A O C H Y T T F C O B E S E R
P M C D J E C N T D U U D A A
A K Z O U R T T R O I A P I N
P B D H I N R F C E H V V C A
A R W F E O A A M G A I E G L
E G J G L R E K O R B T T G Y
Z A A L T S I L A N R U O J S
T M E J M E N E D I T O R R T
W R E V E N T P L A N N E R M
```

POLYUNSATURATED

ALMONDS
AVOCADO
CANTALOUPE SEEDS
CHIA SEEDS
CORN OIL
FLAXSEED
HAZELNUTS
HEMP SEEDS
HERRING
MACKEREL
PECAN
PUMPKIN SEEDS
SALMON
SARDINES
SESAME SEEDS
SOYBEAN OIL
SUNFLOWER OIL
TUNA
WALNUTS
WHEAT GERM

```
A P W H E A T G E R M B O T C
L L U U S Q S Q P C N D N A V
M I J M Q D P A H E A L N R L
O O J Y P D E I R C C T J I S
N N F S U K A E O D A A O F T
D R F D Q S I V S L I R N L U
S O J E E O A N O E E N Z A N
V C A E P Y M U S W M T E X L
U O D S D B P A O E U A F S A
R S Q P X E T L C N E B S E W
D T K M S A F G A K B D L E N
H A Z E L N U T S X E F S D S
J Z E H U O O S W J O R K C H
S D V S L I S A L M O N E P H
S J T U P L H E R R I N G L Y
```

Word Search

RED, BLUE AND WHITE IN FLAG

```
U P J S L O V A K I A S C K A
N C D Q H N E C N A R F S D E
I A Q N W M E S Z I J U N B R
T W I K A Z M W C H F A R A O
E G C B M L P B Z C L Y U M K
D R A V R X I J Q E J I S A H
K U M I S E X A C Z A L S N T
I O B O S L S I H C C L I A R
N B O H Q Y N V I T X Q A P O
G M D S D N A L R E H T E N N
D E I A H L Q L Q A U Y X F D
O X A Q L Z W H A J U A N D U
M U J F A B U C X M B U N V A
M L Y A W R O N C R O A T I A
A I L A R T S U A C H I L E M
```

AUSTRALIA
CAMBODIA
CHILE
CROATIA
CUBA
CZECHIA
FRANCE
ICELAND
LUXEMBOURG
MALAYSIA
NETHERLANDS
NEW ZEALAND
NORTH KOREA
NORWAY
PANAMA
RUSSIA
SERBIA
SLOVAKIA
THAILAND
UNITED KINGDOM

MATHEMATICAL EXPRESSIONS

```
L P G S C I T S I T A T S G B
D L A X I S L A R G E T N I O
E O R S U L U C L A C G E I V
Q N B F U N C T I O N V Y A N
G O N B M A T R I X I M L L C
E I L P E R I M E T E R U O L
O T V A H Y Y W A W A A E V N
M A H U I U Z V E L S F E E O
E U T P G M I V G Y F A L N I
T Q C C U R O E S I W K B I T
R E M S E M B N C U G U A S C
Y F J D K R B I Y D I T I O A
J B E G A R E V A L O D R C R
T A N G E N T A P C O T A B F
B F A C T O R V T H V P V R I
```

ALGEBRA
AVERAGE
AXIS
CALCULUS
COEFFICIENT
COSINE
DERIVATIVE
EQUATION
FACTOR
FRACTION
FUNCTION
GEOMETRY
INTEGRAL
MATRIX
PERIMETER
POLYNOMIAL
RADIUS
STATISTICS
TANGENT
VARIABLE

LIVING IN THE 80S-90S

AEROBICS
ARCADE
BEAN BAGS
BOOMBOX
BOY BANDS
CASSETTES
DIAL-UP INTERNET
HIP-HOP
MTV
PAGERS
PLUSH TOYS
RUBIK'S CUBE
SEGA
SKATEBOARD
TELEPHONE CARDS
TETRIS
VHS TAPES
WALKMAN
YELLOW PAGES
YO-YO

```
Y E L L O W P A G E S U X B U
M E N A M K L A W O Y O Y D S
F E I E P T S R E G A P I D S
I B W V B O O M B O X A R C Y
S U B O Y B A N D S L A A Q O
Q C L A G E S M S U C S R M T
A S P V H S T A P E S I I T H
E K S N M S V I N E W R U V S
R I P Q M N N O T J H T H N U
O B F L M T H T S R X E K V L
B U R L E P E P B F H T J G P
I R R R E S T B A R C A D E E
C G N L D R A O B E T A K S P
S E E X C G P J Y H I P H O P
T T W H V H C S G A B N A E B
```

PUNDIT

ANALYST
AUTHORITY
COMMENTATOR
CRITIC
EXPERT
GURU
HISTORIAN
INTELLECTUAL
JUDGE
MENTOR
PHILOSOPHER
PROFESSOR
REVIEWER
SAGE
SCHOLAR
SPECIALIST
STRATEGIST
THINKER
WISE
WRITER

```
M P O S T N A I R O T S I H J
F H P T R W A U T H O R I T Y
Y I R R E R E W E I V E R D R
Q L O A P R W I S E R A O D J
T O F T X D C K L K K N N K U
S S E E G O P G Y G A H P D
I O S G T U M S C H O L A R G
L P S I G K M N O Q G Y M O E
A H O S F U E M D E V S X I X
I E R T Y X N J O Z F T K C A
C R X L A U T C E L L E T N I
E Y F J A R A L R E K N I H T
P G G U R U T Q E G A S F A D
S K E O G V O F R O T N E M M
U N R E T I R W P C R I T I C
```

LIMERENCE

```
S X O N O I T C E F F A S Q W
S O T A E J F Q N E H S B S A
E Y E A R N I N G Z E F W M R
N N H S U D C B J N P E O M I
R O S J T Q Z H S G E U I N F
E I U M P A K U A T R L F A M
D T R W A I O F H N O A N S A
N C C Z R R O E P N T C J R X
E U N W O N A A G U Y M D C Y
T D O M D R S I A J H O E N G
V E A N T S N T L B R N B N N
C S E P I G I R O M A N C E T
A S Z O C O N O I T O V E D M
S H N C N U K W M E V O L K B
Y L L E N A M O R E D I J K Q
```

AFFECTION
AMOROUSNESS
AMOUR
ARDOR
CRUSH
DEVOTION
ENAMORED
ENCHANTMENT
FANCY
FONDNESS
INFATUATION
LONGING
LOVE
PASSION
RAPTURE
ROMANCE
SEDUCTION
SWEETHEART
TENDERNESS
YEARNING

MASS PRODUCED

```
S E L B A S O P S I D S D C X
Z E J S C L M M G V E S M O X
S P L C E M O A M L G C O M P
E G G C J I D N I H S I B P G
N L N K I G R B K F T T I U P
I A Z I E H O E S R E S L T A
C S Z T H M E H T L L A E E C
I S S P O T O V I T B L P R K
D E V T D E O W F W A P H S A
E S U U S F W L E J T B O I G
M A S Y O T U R C A G D N K I
S D R A C T I D E R C J E N N
B W Y P R O C E S S O R S Q G
E J A N S E N O H P T R A M S
S K O O B W F U R N I T U R E
```

AUTOMOBILES
BATTERIES
BOOKS
CLOTHING
COMPUTERS
CREDIT CARDS
DISPOSABLES
FURNITURE
GADGETS
GLASSES
MEDICINES
MOBILE PHONES
PACKAGING
PLASTICS
PROCESSORS
SHOES
SMARTPHONES
TABLETS
TOYS
VEHICLES

BEHIND BARBED WIRE

BARBED
BOUNDARY
CAMP
CONFINEMENT
CONSTRAINT
DETENTION
ENTRAPMENT
FENCE
IMPRISONMENT
INCARCERATION
INTERNMENT
ISOLATION
JAIL
RESTRICTION
SECLUSION
SECURITY
SEGREGATION
WALL
WARDEN
WIRE

```
O I N C A R C E R A T I O N X
Y K H D S D F R E B Z L P V A
P I X S N E U H O S I W I R E
Y D M V E A C U I S P L L X N
C G V P D G N L O J A I L U T
O D O S R D R L U D Y O P T R
N W B V A I A E E S J U I N A
F A O R W T S T G C I S X I P
I L Y H I Y E O F A N O L A M
N L A O E N V U N D T E N R E
E S N A T F S C A M P I F T N
M N O I T C I R T S E R O S T
E P O Y T I R U C E S N K N E
N N A C P J B A R B E D T O A
T I N T E R N M E N T L G C D
```

EAT AN APPLE

ADAMS
BRAEBURN
CAMEO
CORTLAND
CRABAPPLE
EMPIRE
FUJI
GALA
GRANNY SMITH
HONEYCRISP
JONAGOLD
JONATHAN
LADY
MACINTOSH
MELROSE
PAULA RED
PINK LADY
WINE SAP
WOLF RIVER
ZABERLE

```
V R I P A U L A R E D J O R E
W H D G Y U D N A L T R O C L
J H P I N K L A D Y R M K F R
E B H D L O G A N O J E F C E
L G R A N N Y S M I T H U Z B
P L F A D A M S Q P H M J R A
P R E A E L W V K S V B I C Z
A E S P L B M A C I N T O S H
B V O W Y A U Y O R G O E X O
A I R I D L G R R C S X M G D
R R L N A L X S N Y O N P D R
C F E E L Q U D O E I T I U H
A L M S N A H T A N O J R B A
K O H A M C F H L O F F E Q B
C W U P O E M A C H B N J F M
```

```
G M T M U N E D O U D M A N L
Z Y R E T N E S E M U O B G R
D E A S R P D N T N B S A S R
L N N U V R I U W P I O U P
F I S G C X X J A L K B R R W
P T V A O X E P E P X E T O R
O S E H L J A E A I H X A L E
M E R P O K N T D N G R V Y V
E T S O N V C N I T C Q A P I
N N E S B U E N K M S R G G L
T I C E D P K I D N E Y E A M
U N O E P L A N E R D A P A T
M O L A N U H O V Y J T P G S
P I O N R E D D A L B L L A G
B L N N K H C A M O T S E B P
```

BETWEEN HEART AND NAVEL

ADRENAL
AORTA
APPENDIX
BILE DUCT
COLON
DIAPHRAGM
DUODENUM
ESOPHAGUS
GALLBLADDER
INTESTINE
JEJUNUM
KIDNEY
LIVER
MESENTERY
OMENTUM
PANCREAS
PYLORUS
SPLEEN
STOMACH
TRANSVERSE COLON

```
E X N B S N N O I T A L O S I
L Y D G A C A L M E N O L A F
G E S A N S O D I Q O C S B Y
L U S A C E D U T I L O S T V
P C O N T E N T M E N T I A N
P S X R U S G G Y K V N T E I
C D Y U A S C U U H E T T R B
D N K C R I A E F R N B F T A
E B E X Y L D Q E E X E K E C
C P F V B B U S D F R T S R T
A Z T R A N Q U I L I T Y W F
E W S A P H J T E I U Q N K H
P E R U T A N O A Z A U W M J
G W Q V H A R M O N Y E E G G
D W E L L I N G J E D O B A F
```

A HERMIT'S HEAVEN

ABODE
ALONE
BLISS
CABIN
CALM
CONTENTMENT
DWELLING
ECSTASY
HARMONY
HAVEN
ISOLATION
NATURE
PEACE
QUIET
REFUGE
RETREAT
SANCTUARY
SERENITY
SOLITUDE
TRANQUILITY

GREEN GOODNESS

ARUGULA
ASPARAGUS
BOK CHOY
BROCCOLI
BRUSSELS SPROUTS
CELERY
CHARD
COLLARD
CRESS
ENDIVE
ESCAROLE
KALE
LEEK
LETTUCE
MUSTARD GREENS
OKRA
PEAS
SPINACH
TURNIP GREENS
WATERCRESS

```
Q T H C D N P U K I N O F H P
E U S W R D E E V I D N E N S
J R P E A E A S F M Z L F W E
S N I E D T S A P U W W M A S
N I N S N J E S Y S S Q S M C
L P A B C H A R D T B P C N A
E G C O D Y J S C A A R M Y R
T R H K A L U G U R A W R R O
T E H C C A Q C A D E L X E L
U E V H X Z R G S G H S E L E
C N E O E I U K D R G M S E I
E S R Y G S W F O E Q T Z C K
S T U O R P S S L E S S U R B
X D R A L L O C P N J E L A K
O B R O C C O L I S G Z R U P
```

GOOD FOR NOTHING

CARELESS
FLIPPANT
FOOLISH
FRIVOLOUS
HAPHAZARD
HEADY
HEEDLESS
IMPETUOUS
IMPRACTICAL
INATTENTIVE
INCONSIDERATE
INDISCREET
IRRESPONSIBLE
LAX
NEGLIGENT
RASH
RECKLESS
SLOPPY
THOUGHTLESS
UNWISE

```
F I N A T T E N T I V E C T E
L R I A S J J W Y W Y A N H Q
I S Y N Z U R A S H R Z E O B
P G U Y C R O J P E S L Y U I
P H Z O N O D U L E B T P G N
A R A C L T N E T I A F P H D
N E H P G O S S S E O V O T I
T C E L H S V N I O P G L L S
E K A A H A O I L D B M S E C
S L D X E P Z I R E E M I S R
I E Y M S B S A B F H R L S E
W S C E N H Y X R F A V A S E
N S R C G S S E L D E E H T T
U R N I M P R A C T I C A L E
I T N E G I L G E N A F J Y P
```

STRINGED MUSICAL INSTRUMENT

```
A I B V M U B O D B G V O Z Y
P V O R A C P W O R E H T I Z
F I J G N E R Q U O B Z O Q X
P O N V D T I E B S C U K W P
X L A R O U N P L C U V M Q J
H A B M L L T H E O R B O Q E
V I O L I N X U B Z H H D H L
X J M J N M W B A E N D G U E
R R E B A B O T S X M E P J L
E T U L H C R A S E V O D K U
R L T P R A H L E K C I N C K
A T W U S O W Q J R A T I S U
R Z H R A T I U G X D U O E U
O P P R A H L S H A M I S E N
K A A I E J C E L L O F C B O
```

ARCHLUTE
BANJO
CELLO
DOUBLE BASS
GUITAR
HARP
KORA
KOTO
LUTE
MANDOLIN
NICKELHARP
OUD
REBAB
SHAMISEN
SITAR
THEORBO
UKULELE
VIOLA
VIOLIN
ZITHER

MEAT-EATING PLANT

```
R M M U L L Y H O S O R D B T
A U U A R W E D N U S Z A A R
V I T L S S J S R O I F L R O
E A N R L E U P K O L J U O W
N I D E I Y H T Q U S H D H R
U N I B C C H T O D R E I P E
S O O W Z A U P N L Y V R M T
F T N D Y K R L O E A K O A T
L G A L K F J R A Y P H R I U
Y N E S R Y A T A R H E P L B
T I A I V F T A R S I P N E E
R L A L D R O V A N D A I H C
A R P B B R O C C I N I A R Q
P A E Y C G E N L I S E A Y T
B D P B A L U C I U G N I P A
```

ALDROVANDA
BROCCINIA
BUTTERWORT
BYBLIS
CEPHALOTUS
DARLINGTONIA
DIONAEA
DROSERA
DROSOHYLLUM
GENLISEA
HELIAMPHORA
NEPENTHES
PINGUICULA
RORIDULA
SARRACENIA
SUNDEW
TRIPHYOPHYLLUM
UTRICULARIA
VENUS FLYTRAP
VFT

LIKE FATHER LIKE SON

AFFECTION
ANCESTOR
BOND
CLONE
CONNECTION
DESCENDANT
DNA
EMULATION
FAMILY
HERITAGE
INHERIT
LEGACY
MIRROR
OFFSPRING
PARALLEL
PATERNAL
RESEMBLANCE
SIMILAR
TRAIT
UPBRINGING

```
S S P P Z Y O T Y U V S T M R
A I R O R R I M P O F K R L Y
N M D S T R B B C F S A A U L
C I E Z F B R L E F S E I D I
E L G K Z I O D N S L M T E M
S A A E N N G E P P P U L C A
T R T G E O A S A R A L I N F
O L I X D I C C R I T A Z A K
R N R N N T W E A N E T L L J
G D E Z O C B N L G R I E B A
K T H S B E E D L U N O G M Z
T I R E H N I A E A A N A E A
S I T F B N R N L M L A C S N
X B J P J O T T D S P K Y E D
D N O I T C E F F A A F W R Y
```

COMPLETE NO-NO

ABOMINATION
ANTITHESIS
AVOIDED
BAN
BOGEY
FORBIDDEN
ILLEGAL
INADVISABLE
INAPPROPRIATE
INEXCUSABLE
INFRINGE
OFF-LIMITS
OUTLAWED
PROHIBITED
RESTRICTED
TABOO
UNACCEPTABLE
UNLAWFUL
UNSUITABLE
WRONG

```
S H E M E U O G H D N S A G E
I I J L B L N U E Y T F K Y L
S R N A B O B D T I E F S P B
E N N A R A I A M L A G R P A
H E X W P O S I T B A O O I T
T D L D V P L U O I H W N B P
I D G A E F R M C I U F E B E
T I J L F T I O B X R S I D C
N B L O A N C I P I E O N C C
A R Z W A G T I N R O N S U A
D O U T X E E G R B I O I F N
D F I H D S E L A T U A H S U
D O F P J A Y T L P S X T Q T
N U N L A W F U L I L E L E H
K E L B A S I V D A N I R E H
```

YOU ROCK!

```
I R A I C C E R B Z Z E P Q S
X R B E L B R A M J K J L K E
A Q R H Y O L I T E V I U L R
P B V H O M O U B E M K H A P
U A V M W F E B S E P P I H E
M S O W P P X U S T S W J C N
I A L D Y Z V T Y I W H R M T
C L C N R I O R V C D V A H I
E T A J A N D U I Q R I T L N
A A N N E S S C H I S T A C E
L K I A S Z B E Q X M C S N C
T T C I E N O T S D N A S M X
E S E E T A L S H E T A G A V
V N H F F U T S E T I N A R G
G E U E T I Z T R A U Q K U Z
```

AGATE
BASALT
BRECCIA
CHALK
GNEISS
GRANITE
LIMESTONE
MARBLE
OBSIDIAN
PUMICE
QUARTZITE
RHYOLITE
SANDSTONE
SCHIST
SERPENTINE
SHALE
SLATE
TUFF
VESUVIANITE
VOLCANIC

THE END OF TIMES

```
G G E S N O D D E G A M R A N
L I O M R U T D E C A Y Q E O
P N O I T C U R T S E D S C I
R A Z B K M O O D Y I P M O T
A N N E X E F J G X Y L D V A
W O M D H S M Y E L L Y Y A N
K I K A E P X A A R H L S H I
Y T S X Y M O C G Q X O T W M
Y C W J U H O R M D B H O N R
P N C G R P E N T B N D P X E
R I U W A Y Y M I S S E I F T
Y T I M A L A C X U A O A L M
T X F S I S I R C Q M T A B C
I E I B R E A K D O W N A H D
V T E S P A L L O C Y S U C C
```

APOCALYPSE
ARMAGEDDON
BREAKDOWN
CALAMITY
CATASTROPHE
CHAOS
COLLAPSE
CRISIS
DECAY
DESTRUCTION
DOOM
DYSTOPIA
ENDGAME
EXTINCTION
HAVOC
MAYHEM
PANDEMONIUM
TERMINATION
TURMOIL
WAR

MAKING SOAP

ALOE VERA
AQUA
BENTONITE
CARBOMER
CITRIC ACID
DIMETHICONE
FRAGRANCE
GLYCERIN
LAURIC ACID
LYE
MICA
OLIVE OIL
PALMITIC ACID
PEG
POLYSORBATE
RETINOL
SHEA BUTTER
SODIUM LACTATE
SODIUM STEARATE
VITAMIN E

```
J W P O L Y S O R B A T E J S
G D I M E T H I C O N E Z U H
E T A R A E T S M U I D O S E
N F F R A G R A N C E P W T A
K I D I C A C I T I M L A P B
B R R Q L T T F O G C T A G U
E E Q E W A L G Q H C O L R T
N M G Y C A U E T A B K O E T
T O D L J Y N R L C B U E T E
O B T T J I L M I A R O V I R
N R U P M Y U G Q C P F E N K
I A J A E I A U I I A S R O J
T C T I D G A A T M T C A L Z
E I N O D I C A C I R T I C W
V A S L I O E V I L O R U D Z
```

GETTING AS WET AS POSSIBLE

AQUA FIT
BOATING
CANOEING
DIVING
FLOATING
HYDROFOIL
JET SKIING
KAYAKING
KITESURF
PARASAILING
RAFTING
ROWING
SCUBA
SKIMBOARD
SNORKELING
SURFING
SWIMMING
WAKEBOARD
WATER POLO
WINDSURF

```
S N O R K E L I N G G L G J W
C W W Q T K G N I M M I W S U
Q U I A M V Y K A Y A K I N G
P K V N T S K I M B O A R D W
G A I J D E C G N I T F A R A
N Q R T G S R Y W F C T Q H K
I U G A E N U P J X L R Y T E
F A N G S S I R O B V D V I B
R F I G N A U T F L R M E G O
U I I N Y I I R A O O Z S G A
S T K I T F E L F O V V C N R
E Q S T D I U O I J L R U I D
U Y T A O D I V N N I F B W X
E I E O Z L Y R Y A G Z A O L
B V J B G N I V I D C M A R S
```

ALL TALK

```
C Y B Y P O D C A S T E R J J
A U O C K V N T F Z N E O C J
S I S D I P L O M A T U B X B
A N C T R H J G I N R R R D N
L T O T O I P D E N Q E E R A
E E U W C M E S A W Y R C E I
S R N O L M E L C W P U N H C
R P S O O R I R A X J T U C I
E R E C P S W L S T E C O A T
P E L O T W D L C E Q E N E I
P T O N A R R A T O R L N T L
O E R E M C E E H U A V A X O
J R T S O H O I D A R C I T P
N E W S A N C H O R S O H C B
D H R E C E P T I O N I S T E
```

ANNOUNCER
COACH
COMEDIAN
COUNSELOR
CUSTOMER SERVICE
DIPLOMAT
EMCEE
INTERPRETER
JOURNALIST
LAWYER
LECTURER
NARRATOR
NEWS ANCHOR
PODCASTER
POLITICIAN
PRESENTER
RADIO HOST
RECEPTIONIST
SALES REP
TEACHER

MOTHER TONGUE

```
N B S Y N A K G V E A C J M X
E E N Z I X W K H S I D E W S
N S H O U R D U X E M T R U O
G E S S R F Y L E N U U U R N
L M T Z I W X S A A L R S L A
I A V P V N E H K P U K S J I
S N A Z O N A G P A Z I I Z L
H T O X I R A P I J J S A N A
Y E K H R C T O S A M H N M T
X I C U A B D U G I N A K R I
S V M J U T S I G E D S L Y K
O U N A R A B I C U R N A A R
Q L H B N I N Y B G E M I H Y
T A X K O R E A N C T S A H Z
H C N E R F H C T U D C E N A
```

ARABIC
CHINESE
DUTCH
ENGLISH
FRENCH
GERMAN
HINDI
ITALIAN
JAPANESE
KOREAN
MALAY
NORWEGIAN
PORTUGUESE
RUSSIAN
SPANISH
SWEDISH
TURKISH
URDU
VIETNAMESE
ZULU

HEARTLESS CREATURES

- AMOEBA
- ANEMONE
- BACTERIA
- BRINE SHRIMP
- CORAL
- FLATWORM
- HYDRA
- JELLYFISH
- LEECH
- NEMATODE
- PLACOZOA
- PLANKTON
- PROTOZOA
- ROTIFER
- SEA CUCUMBER
- SEA SPONGE
- SEA URCHIN
- STARFISH
- TAPEWORM
- TARDIGRADE

```
E G N O P S A E S A M O E B A
S E H B S L P J O L R X K E J
I N T R E V V A I R E T C A B
F O A I D A R D Y H B N D K P
L M O N O R W D Z T M S O J T
A E Z E T G C Z N A U N H F T
T N O S A S E A U R C H I N I
W A T H M O Y B Z D U F M L P
O B O R E P Z C Z I C J R V L
R O R I N J W O C G A K O L A
M R P M K Q D H C R E Z W L N
C I B P C O R A L A S G E E K
H S I F Y L L E J D L I P E T
J R E F I T O R Y E J P A C O
X F N S T A R F I S H H T H N
```

THE CULT OF WOOD

- ALDER
- ASH
- BIRCH
- CEDAR
- CHERRY
- CYPRESS
- EBONY
- ELM
- HICKORY
- HOLLY
- MAHOGANY
- MAPLE
- OAK
- PINE
- ROSEWOOD
- SYCAMORE
- TEAK
- WALNUT
- WILLOW
- ZEBRAWOOD

```
B I A M T Q C H E R R Y C H U
F Y X O Y J W C I I F L V M A
T E R M N S W R C Y P R E S S
S N E V A N H I K T Y C M W O
P I O T G D N B A U D W A Q H
D P K S O X E B O N Y T P R S
D H F G H O L L Y L O Z L D A
O N P U A I C P H A B B E O X
N D K Q M N M L E W I Q Q O Y
R Z E B R A W O O D S M T W I
R E D L A T K Q D T H Q E E R
U S J A J C W I Q M R C A S H
S K S Y C A M O R E O G K O V
H Z X G P R I M H I C K O R Y
R D W O L L I W X T R A D E C
```

PUSHING THE LIMITS

```
X Q N O I T I B M A J G L M R
H L K T H R E S H O L D M I F
E S I P C H A L L E N G E N E
H C Y M E D W R C X P A N N A
Y S N T I R V Z B R E K O O R
A T U E I T S P M Q R L I V L
L S I P I C L I E W S A S A E
B R P S O L A E S Y E F I T S
Y O C I N I I N S T V R V I S
G O U I R E X S E S E O Y O N
T N D N O A T V E T R N J N E
I U I R D T T N Z R A T C G S
R A S R I A Q I I R N I D E S
G J C S A V R O O O C E B Z O
C C A E F D E Y J N E R C L W
```

AMBITION
ASPIRATION
BOUNDARY
CHALLENGE
DARING
DRIVE
EDGE
FEARLESSNESS
FRONTIER
GRIT
INNOVATION
INTENSITY
LIMITLESS
PERSEVERANCE
PERSISTENCE
PUSH
RESILIENCE
TENACITY
THRESHOLD
VISION

VARIOLOID

```
T G O H K A E R B T U O K P J
O C A Q A M G O H F Z R G D Y
N O E P I D E M I C A P M A I
E N E D Q H R G E M R N I R N
G T N N S X E M K E O A N E F
O A X A I H R C V I O G O T E
H G R F M T O E T Y X E C S C
T I E R Y P N A W N F N U I T
A O V Z D T C A O D P T L L I
P N E Q I I F I R U C X A B O
Q N F O D Z S W R A H W T V N
M P N A L E I E J V U Q I I S
R K R D L Q N H A H G Q O R C
M E S Y M P T O M S C F N U A
J I S M A L L P O X E Y L S B
```

AGENT
BLISTER
CONTAGION
SCAB
DISEASE
EPIDEMIC
ERADICATION
FEVER
INFECTION
INOCULATION
OUTBREAK
PATHOGEN
POCKMARK
QUARANTINE
PREVENTION
RASH
SYMPTOMS
SMALLPOX
LESION
VIRUS

PLAIN JANE

ACCEPTABLE
ADEQUATE
AVERAGE
COMMON
CONVENTIONAL
DECENT
EVERYDAY
FAIR
GENERIC
HUMDRUM
MEDIOCRE
MUNDANE
NORMAL
NOT BAD
OKAY
ORDINARY
PASSABLE
STANDARD
TYPICAL
UNREMARKABLE

```
V W O G G C I R E N E G D L M
S P C R E M U R D M U H A Q E
E Y A A D E C E N T A C V L N
G E C S J I B C T M I Q B C T
A R O E S I N R F P X A M X X
R C N N O A N A Y X K F A E J
E O V A K R B T R R E D L J S
V I E D A I W L A Y E B Y E T
A D N N Y A Q M E Q A D A C A
L E T U V F E T U T A Y D O N
A M I M P R X A P B A E Y M D
M M O H N R T E T Z H O R M A
R I N U H E C O W F V X E O R
O M A N W C N F E C C I V N D
N R L P A D X M J Y G V E E Y
```

COWBOY CULTURE

BANDANA
BOOTS
BRONCO
BUCKAROO
CATTLE
CHAPS
CORRAL
COWBOY
COWHAND
COWPOKE
LARIAT
LASSO
LONESTAR
MUSTANG
OUTLAW
RANCH
REINS
SADDLE
SPURS
WRANGLER

```
X L H O O S O C N O R B O P Y
J C F C J H L L O Z V S E O S
S G O Y N A S O O W P E B T D
R N N R R A I N I U P W O G E
J Q I I R G R E R Y O O H Z L
B Y A E S A Q S T C B R K R T
A T P L R U L T G H E X Z E T
N G S D O S S A L L E W M K A
D H C D F O C R G C A F U O C
A N W A C H R N M L R B S X L
N R A S T H A A T D L Y T A K
A A K H B R A U K I K O A S I
Y N A Z W V O P G C N D N Y W
Y C W I D O E R S P U E G R N
F S L F Q F C K I K B B G T Z
```

BUILDING A HOUSE

```
M I N O I T A D N U O F Q W D
N C N Q T Z V R E E N I G N E
O E X S N I I L B Z M D N A G
I R D B P T M R W A L O F A H
T U L U J E I R S Y I T P G V
A T O I F C C O E T L N T N X
V C F L K T N C P E I C I P
A U F D R R Y U I S R R E Y L
C R A I Y U R G R O G P T E U
X T C N A T N O J N N E I V M
E S S G S I O Q I J T U H R B
Z A O N R F J M P A X L C U I
P Y O I I V A L I I T B R S N
O C W N O R D E S I G N A X G
Z V G D F C A R P E N T R Y L
```

ARCHITECT
BLUEPRINT
BRICK
BUILDING
CARPENTRY
CONSTRUCTION
DESIGN
ENGINEER
EXCAVATION
FOUNDATION
FRAMING
INSPECTION
MASONRY
PERMIT
PLUMBING
ROOFING
SCAFFOLD
STRUCTURE
SURVEYING
WIRING

SCENT-SATIONAL AROMAS

```
O O Z E C I P S E E N I P K A
S D O O W R A D E C D U J S S
U B J R O U V X A M B E R U I
R A E R J N O M A N N I C M U
T M N Z E C X U E D C U E R O
I N I A N D H U O S T T N X Q
C S M M N T N O M N R O S E I
R L S S W O W E I O R A N G E
E P A Z E L M M V Z P F P G Q
G P J R A C R E Z A V T U U J
N F R D O E N H L G L J Q U R
I O N Q P L I F R U I T Y G R
G A O P R F F I V E R B E N A
S X E U G E M T U N E W R K X
G P U A L L I N A V D Q Y W M
```

AMBER
CEDARWOOD
CINNAMON
CITRUS
FLORAL
FRUITY
GINGER
JASMINE
LAVENDER
LEMON
MUSK
NUTMEG
ORANGE
PEPPERMINT
PINE
ROSE
SANDALWOOD
SPICE
VANILLA
VERBENA

VERTICALLY CHALLENGED

COMPACT
DIMINUTIVE
DWARF
ELFIN
LITTLE
MINI
MINIATURE
MINISCULE
PETITE
PINT-SIZED
POCKET-SIZED
PUNY
SHORT
SHORTY
SMALL
STUBBY
TEENY
TINY
UNDERSIZED
WEE

```
Y F S Q V M I N I K W M Y S D
E M D C O M P A C T D I V E P
Y T N V G E P F V B P N Z T E
E I Q K E J V K I I T I H I T
M L N D W R K Z N X S S Z N I
I T T O I Z U T R T F C T Y T
J R P T F M S T E O I U E V E
P O U P I I I K A E L L E V J
C H N Z Z L C N K I U E N Y S
S S Y E D O D C U V N H Y B H
Q E D V P G K F H T S I Q B O
D E Z I S R E D N U I A M U R
X E W R L F R A W D Q V B T T
H Q E X C G L L A M S I E S Y
R J E B I K Z Y W A E L F I N
```

FRENZIED KITCHEN

BUSY
CHAOTIC
CLANGING
COOKING
CROWDED
DEMANDING
EXCITEMENT
FAST-PACED
FLAMES
FRENZY
HUSTLE
INTENSE
MANIC
ORDERS
PANIC
PEAK HOUR
PREP
STRESSFUL
SWIFT
TENSION

```
C I N A M F T G N G G N Q M F
R O Z C N H N S N M S O X A Y
Y M V M J I R I C E O R L Z N
C S M P K M D X M I F D N L O
E X W O E N D A L A E E K N I
G U O I A A L H S U R R O G S
N C D M F F K T M F E S E R N
I M E U I T P H U S T L E N E
G D V D Q A I N O G M N J B T
N M X Q C N O I P U P A N I C
A P Q E T X P Y B B R J S Y M
L A D E P S T R E S S F U L E
C O N G B U S Y D E D W O R C
A S P R E P C I T O A H C N Y
E S X M E E X C I T E M E N T
```

Grid 1

```
A C C H E E S E S T E A K Z B
Y O B O P P M I R H S P D U Z
Q V E G E T A R I A N Y S E Y
A B U L C Y E K R U T N C S E
P T G G C L U B S J A U S E M
L P I Y M D J M A I U F B E F
I H E P R A E H L T W I A H E
N C O N L O P A A Y Z T Y C E
F E U T I E T M M H B S V D B
R T B B D I F O I A P C T E T
O M M U A O F A L H C Y L L S
D R P E E N G L L Y A V B L A
L P N L C R S T E A K C E I O
A T T E L U F F U M F P R R R
W A H T B Z K O Y O B O P G C
```

WHICH SANDWICH?

- BLT
- CHEESESTEAK
- CLUB
- CUBAN
- FALAFEL PITA
- GRILLED CHEESE
- GYRO
- HOT DOG
- ITALIAN SUB
- MEATBALL SUB
- MUFFULETTA
- PO' BOY
- REUBEN
- ROAST BEEF
- SALAMI
- SHRIMP PO' BOY
- STEAK
- TURKEY CLUB
- VEGETARIAN
- WALDORF

Grid 2

```
M K T B B Z L E W O T G R C G
M I W S G W O R M S G R E H L
L C Z A X F Q J E C N Q L C P
H G P A D D L E B D I D A K J
C A M P F I R E R O H Z X A W
C S P F C M B A Z C S V A Y A
S O K S O D U R Z K I W T A T
H H O O E G B E R G F Z I K E
E D S L E I H N L L G X O F R
W E R F E T T L L I M D N I W
N M I J A R B A W N V W V F T
G L Z B G S C G O G G L E S A
Y I N T U R Q X F L O W G W O
W U C I N C I P U C F V K H L
S N F W I L D L I F E K E E F
```

SUMMER AT THE LAKE

- CAMPFIRE
- COOLER
- DOCK
- FISHING
- FLOAT
- FLOATIES
- GOGGLES
- KAYAK
- LIFEGUARD
- MOOSE
- PADDLE
- PICNIC
- RELAXATION
- SUNBATHE
- SWIM
- TOWEL
- WATER
- WILDLIFE
- WINDMILL
- WORMS

ARE YOU NUTS?

ALMOND
BRAZIL NUT
CARAMELIZED
CASHEW
CHESTNUT
FRIED
GLAZED
HAZELNUT
MACADAMIA
MARCONA
MIXED
PEANUT
PECAN
PISTACHIO
ROASTED
SALTED
SHANDONG
SHELLED
TOASTED
WALNUT

```
D D P U G S T M S X O O I D U
F E B K T Z H A A I O V X C N
V Z N R N U L A H R V D A W G
N A F A A T N C N Z C R R T T
W L E B E Z A L I D A O D U F
E G Q D U T I B E M O V N N R
H H I Z S A P L E Z M N V A I
S Q L I L E M L N T A I G E E
A U P M C H I B O U E H X P D
C P O A P Z T F K W T B D E H
M N N Q E A I M A D A C A M D
D E F D G B U D E L L E H S X
T U N T S E H C R O A S T E D
C Z L P D E T S A O T D O D K
W A L N U T S B I F P Z R U W
```

FIGHT AND FLIGHT

ADRENALINE
ATTACK
BATTLE
COMBAT
CONFLICT
COUNTER
DEFEND
DODGE
ESCAPE
EVASION
FEAR
FLEE
FLIGHT
PANIC
PROTECT
REACTION
REFLEX
RETREAT
STRUGGLE
SURVIVE

```
M E J H C G R E L T T A B G T
A T H S U R V I V E S U W C C
S C C K C A T T A D G L T T I
X R L E G X I V A Q B W C A L
P U O F T O Q U D E Y E E E F
P Y B K W O K F R S W V E R N
K E G D O D R G E E N A S T O
Y T H G I L F P N J O S C E C
D C O U N T E R A I I I A R R
S T R U G G L E L R T O P A J
C O M B A T O A I O C N E F V
P U D E F E N D N M A F H L I
J E P X W L T T E E E W F E B
C T B V K S W K I P R C I E M
S P A N I C X E L F E R J F S
```

MILITARY MATTERS

```
Q E S T Z S I N S I G N I A E
N C E Y T N E M I G E R D G A
T N N N U V K Z F O R T A R A
W A I C O P E T N W T L M Q D
B S R Y U R F T T J F O B F W
A S A O N V D V E U R A W O X
T I M L I S Z A O R R A B P Y
T A O P F G H M U R A Y B N R
A N O E O L A T A Q R N O G E
L N M D R C S C C T S O O P L
I O K F M I K M N H T A M S L
O C O B L S T A E A I Y M N I
N E H N Y N F I L D N N A U T
R R E G M N U P M F I B S Y R
D A Z V I M V O F F I C E R A
```

AMMO
ARMOR
ARTILLERY
BARRACKS
BATTALION
CAMOUFLAGE
DEPLOY
ENLIST
FORT
INFANTRY
INSIGNIA
MARINES
MEDIC
OFFICER
PLATOON
RECONNAISSANCE
REGIMENT
SQUADRON
UNIFORM
VETERAN

STUCK IN TRAFFIC

```
Y B R O D E P P O T S M E Y R
L N U M B A C N O I S S O U W
A O B M C S M H R L S B S D D
N I H T P N T U D A R H I I E
E T O O U E O R P E H L N Q M
P S T E N T R M U O L O Z L M
N E N H E K I T U C I A D R A
W G E D R G I R O T T B Y A J
O N D Y S H C N A B T I X N J
D O I Q R C Z R G D U Q O S A
W C C S T H T L O N G M E N X
O M C J W S B A C K U P P P T
L X A A U P A T I E N C E E J
S G I R R E R O U T E O B X R
L J F M K C O L D I R G Z U D
```

ACCIDENT
BACKUP
BUMPER-TO-BUMPER
CONGESTION
DELAY
DETOUR
FRUSTRATION
GRIDLOCK
HONKING
IMPASSE
JAMMED
LANE
LONG
OBSTRUCTION
PATIENCE
REROUTE
RUSH HOUR
SLOWDOWN
SNARL
STOPPED

CHILDHOOD MEMORIES

ADVENTURE
BALL
BLISS
CANDY
CAREFREE
DAYDREAM
FANTASY
FRIENDS
GAME
IMAGINATION
INNOCENCE
JOY
LAUGHTER
MAGIC
NOSTALGIA
PLAYGROUND
STORYTIME
TOYS
WONDER
YOUTH

```
X S O A I G L A T S O N V U F
S F S R B M H D Q I M P X A N
Y W Z C A R E F R E E L N S W
O U Y J W Q L F H M Z T T A O
T S E E Y S Y T E H A O S C N
M S M A M D U Y H S R Q A M D
A I A T D O N O Y Y N R A E
G L G L Y V Y U T T D J E E R
I B T L W A E I O Y W T T R S
C C J A V S M N Z R R K H D H
L L E B I E J H T E G F G Y W
H A S D N E I R F U Y Y U A S
D I N N O C E N C E R D A D Q
P N A F L Y S V Y O J E L L Y
N I M A G I N A T I O N R U P
```

THE ARTS OF SELF-DEFENSE

AIKIDO
CAPOEIRA
ESKRIMA
HAPKIDO
JIU-JITSU
JUDO
KALI
KARATE
KICKBOXING
KUNG FU
MMA
MUAY THAI
NINJUTSU
SAMBO
SHURI-TE
SILAT
TAEKWONDO
TAI CHI
WING CHUN
WRESTLING

```
J I U J I T S U W I H C I A T
G Y M Z M U A Y T H A I L A K
U F G N U K Y S G J U D O C A
G S A D Y E H V N Y C E S G M
A N G C A P O E I R A T T O D
A E I L X J W S L G T A L I S
I S Y X G B I I T X Y R W E W
K K V E O B U A S T T A G I P
I R X F T B E L E H L K N K X
D I U M A K K R R X U G Y Q A
O M G C W Q A C W O C R U U M
M A N O C E G L I H O S I S M
N I N J U T S U U K H Y T T R
X D V L Y M J N U J W M T D E
O E G O B M A S O D I K P A H
```

TALES OF ALHAMBRA

```
N E C A L A P W C P M L R S R
O D E U R N A R R A T I V E S
I H E R Y N S R J S N Z V L E
T Y I R D H A E O B M S X B R
I Z D E U I S N Y D N A Z A T
D R R J V T G I D R N K E F Q
A E C U I E C R N A E E Y R N
R B U C R C F E A A L T L H D
T L L A S N B R T N P U S P N
Y T T P I A B I B I A S S Y S
B R U P A M X S O Z H D S I M
L U R K A O P F B M C C A L A
Q O E H W R Y O X U W Y R T R
K C L H C L E G E N D S J A B
N A I B A R A Y R O T S I H Z
```

ALHAMBRA
ANDALUSIA
ARABIAN
ARCHITECTURE
COURT
CULTURE
DREAMS
FABLES
GRANADA
HISTORY
LEGENDS
MAJESTIC
MYSTERY
NARRATIVES
PALACE
ROMANCE
SPANISH
SPLENDOR
TRADITION
WANDERER

RANK AND MEASUREMENT

```
C K H T N E C R E P I V W I R
F O M N Z E L J B F K K H P E
W D I O K R Y N I K I T P E M
U L C I D U F C L I N R M L A
R E Q T I S C P L O D D S I I
E I H C V A L Z I N F H R T N
T Y C A N E G L O A O T A N U
R C Z R J M L C N X N E T E T
A F H F M I E D T I K I I C E
U T V K R S E L H K S T O R N
Q T C T I D E C T N W N Q E T
J M C L A C D E C A D E K P H
E I L R I X F I E R I W E H F
E I G W I B N R E G E T N I Z
M V T L X E M M H T N E V E S
```

BILLIONTH
DECADE
FIRST
FRACTION
GRADED
INTEGER
MEASURE
MILLISECOND
PERCENT
PERCENTILE
QUARTER
RANK
RATIO
REMAIN
SEVENTH
TENTH
TRILLIONTH
TWENTIETH
TWICE
YIELD

CHIVALRY ISN'T DEAD

BENEVOLENCE
BRAVERY
CHARITY
COMPASSION
COURTESY
DECENCY
DIGNITY
GALLANTRY
GENEROSITY
GRACIOUSNESS
HONOR
INTEGRITY
KINDNESS
LOYALTY
MANNERS
NOBILITY
POLITENESS
RESPECT
VIRTUE
WISDOM

```
V P C W V I R T U E S Y N P N
H Y T I N G I D X A S T O Y M
L G A R B M B P P D R I I T N
B K R W E R E K N S E L S I S
P E T A A S I V S Y N I S R Z
U E N V C N P E Q G N B A G C
P Y E E D I N E E X A O P E O
Y R R N V E O N C L M N M T U
Y C E T T O E U O T W Z O N R
G S N I N R L Y S I X H C I T
S S L E O A A E S N O J Z T E
J O U S C L L D N N E D R T S
P T I T T E O L O C G S D L Y
I T K Y I M D R A V E D S X A
Y Y T I R A H C W G I D P N J
```

WOODCARVING

BURL
CARVING
CHISEL
CRAFTSMAN
DETAIL
GRAIN
GUILD
INLAY
KERF
LATHE
MAHOGANY
MALLET
PATINA
RELIEF
SANDED
SCULPTURE
SHAVINGS
TEXTURE
TURNING
WHITTLING

```
R H T T P A T I N A B G T P E
F U P G D L I U G W L S E L A
D E D N A S L H H H E N L E I
M A H O G A N Y O I J J L S K
Q S C N I A R G Y T O O A I L
U R H E R J N F M T Q R M H I
E U P A S I E U F L B H K C A
H K L A V I W O W I F F Y C T
T Q F R L I G H C N Z P L Q E
A K A E Q T N K O G Q R K G D
L C R E R M U G E R U T X E T
F R E K J B X C S B Y V X W S
U N I U F E R U T P L U C S C
P Q F N G N I N R U T H G X C
C R A F T S M A N Z I N L A Y
```

Puzzle 1

```
G S O U T H W E S T S W F F U
O M X K F C P T F E L I S C B
H E S I W K C O L C F P I A B
T D R A W R O F S X I N N C O
U K H G Q H J O T D W T N Q T
O E T B A C K S P A I M O M O
S K R H N T A F R C R E R L U
D A O L V E Y D L I H U T F T
D A N J H Z C O G U F P H A W
O A P T Q X C H A O T B W N A
W Z U E Z K T I X D Y K E O R
N O Q T W W E S T S I Q S V D
S V S I N O R T H E A S T P P
L A S T V N N J O D N I H E B
E E H W Y D N O Y E B H D P U
```

WHICH WAY IS IT?

ANTICLOCKWISE
BACK
BEHIND
BEYOND
CLOCKWISE
DOWN
EAST
FORWARD
INWARD
LEFT
NORTH
NORTHEAST
NORTHWEST
OUTWARD
RIGHT
SOUTH
SOUTHEAST
SOUTHWEST
UP
WEST

Puzzle 2

```
E K G W R G R E C N E I T A P
N Q O A I U N E F G M N B Y N
I J Z O R N O I N O O W B Y E
E S B E H C D I R I L E L H V
K S V U O H F O T O N D U W A
E O I R L O G A W C C M I K E
C V W R O K V U H P I S P N L
P E U R W I F R O D A U W E G
M N P O T O E E I D N N R A S
E S K C T S L T R C L U E D U
T P A D T S Y S H M T Z F I G
M R F L Z H L D R S E E A N A
O I S B P I O P I M N N R G R
O N M D W W G O X E H T T V K
R G U P N Q M G N I P A H S C
```

SO THE DOUGH SHALL RISE

ACTIVATION
BENCH REST
BULK FERMENT
COVER
DOUGH HOOK
FOLDING
HUMIDITY
KNEADING
LEAVEN
MOISTURE
OVEN SPRING
PATIENCE
PROOFING
PUNCH DOWN
ROOM TEMP
SCORING
SHAPING
SLOW RISE
SUGAR
WINDOWPANE

ONOMATOPOEIA

BAM
BANG
BEEP
BOOM
BUZZ
CLANG
CLICK
CRASH
DRIP
FIZZ
GURGLE
HISS
HUM
JINGLE
KNOCK
MURMUR
POP
RATTLE
SIZZLE
SPLASH

```
O Z N W Q Q M I J P Z W X V Q
N F Y Z Z U B B A E B W A Y E
H X B E L G N I J E J K J K G
I H E M Y Q C K F B O D R I P
S S P M O O B U Q C G N A L C
S A V X H K C O N K Q S O Q C
D R S I Z Z L E C E X L Z X D
N C Z G F P C L L T I S Q O Y
G R A N I W U G I W M K B T J
W V G V Z O L R C D T K A M Q
H I D V Z U L U K J R B M W G
R U M R U M G G X X Z U V M N
F D R S L C M U H N O C S C A
P E L T T A R P O P L D Y U B
I H X D S P L A S H R S M O S
```

HAPPY BIRTHDAY
TO YOU

AGED
BLESSED
CELEBRATED
CHERISHED
CONTENT
ELATED
ENLIGHTENED
FORTUNATE
GRATEFUL
HAPPY
JOVIAL
MATURE
NOSTALGIC
OLDER
REFLECTIVE
RENEWED
SEASONED
THANKFUL
WISER
YOUTHFUL

```
Q B R E F L E C T I V E B P T
I E L O X O D E H S I R E H C
Z U L E O D E W E N E R C O D
V C E A S A Y O Y Q S I K J E
K E V N T S M O M Q G U C O G
M L S D L E E W U L W E V V A
A E Z E E I D D A T T E L I L
T B E N C R G T N A H U Z A U
U R F O F Y S H N R F F P L F
R A W S A O P U T E Z O U V K
E T I A N M T P T E P L G L N
H E S E E R V A A Y N D C F A
R D E S O A R X N H J E M T H
E W R F J G V Y T U Z R D K T
N V O J B C O N T E N T M I Z
```

JEAN CUTS

```
G I T H G I A R T S V N H M D
P G Q A K D E X A L E R O E C
C S L I M F I T R K Y M T R A
I L Q D P N I O O F J S O C S
G D D N V Y A A U E I P S A B
A I X E R A L F A A P M D P A
R A T I S M C N W E D P E R G
E G A R E C S H D N S S I G
T E P F K S G Q E H K G S B Y
T L E L M I I I S M I N E O F
E E R R H K R R B J N I R O I
A D E I Y F G M W G N G T T W
H I D G Y F I Z Z O Y G S C N
A W P O M L O H F J L E I U B
G W B N S W Z P V J S J D T V
```

BAGGY
BOOTCUT
BOYFRIEND
CAPRI
CIGARETTE
CROPPED
DISTRESSED
FLARE
GIRLFRIEND
HIGH-WAISTED
JEGGINGS
LOW-RISE
MOM JEANS
RELAXED
SKINNY
SLIM
SLIM-FIT
STRAIGHT
TAPERED
WIDE-LEG

FUTURISM

```
T F N M S I N N O V A T I O N
R T R A X I Z O E A S W Q A M
A N E B I O N C I C Z H E H X
M O V O J P A G I S C Y T F H
S I D C T P O T U E R I Y N E
T T P Y S N O T T L R E O C N
E A K B P B E O S O A I M O H
C M N E O O N M G Y T R I M Q
H O I R L A O L E A D T I U I
N T L N N M A L L C U I A T G
O U A E T E T U R L N N A T Y
L A R T C O M S O E T A R C O
O U U I M I J V L U P A H N S
G L E C S R E E M V G Y F N L
Y D N S L A U T R I V M H O E
```

AI
ALGORITHM
AUTOMATION
CYBERNETICS
DYSTOPIA
ENHANCEMENT
EVOLUTION
HYPERLOOP
IMMERSION
INNOVATION
NANOTECH
NEURALINK
QUANTUM
ROBOTICS
SIMULATION
SINGULARITY
SMART
SPACE
TECHNOLOGY
VIRTUAL

THE ART OF ORIGAMI

BASE
BIRD BASE
CHAPEAUGRAPHY
CRANE
CREASE
FLEXAGON
FOIL
FOLD
FROG BASE
KIRIGAMI
KNOTOLOGIE
KUSUDAMA
PAPER
PETAL FOLD
PLEAT
RABBIT'S EAR
RAW EDGE
REVERSE
SOFT CREASE
TESSELLATION

```
E I T E S A E R C T F O S N N
Y F D L O F I N B R I S B O F
E H S D C T O F A A P T I B O
S X P Z L G A E Q F S T P I I
A V O A A R S E W O A E E R L
E J E X R T S A L L N G K D O
R S E I I G M G L P D Z I B D
C L A B G A U E Q E I E R A L
F P B B D O S A W D X N I S O
L A W U G S L A E H H A G E F
R L S T E O R O F P Z R A R L
P U L T F W R A T Z A C M E A
K W O W K D V F U O R H I P T
C E R E V E R S E Q N K C A E
F B N H G R E X Z P L K Y P P
```

OFFSHORE DRILLING

BARGE
CAPPING
CRUDE
DERRICK
DRILLING
EXPLORATION
EXTRACTION
FLARING
JACKUP
MARITIME
OFFSHORE
OILFIELD
PETROLEUM
PLATFORM
PRODUCTION
RIG
SUBSEA
TANKER
WELLHEAD
WILDCAT

```
V F M Q S V F M O N Y K Y F P
J Z X R H Y A W O F D G I R E
C Z A V O R O I U G T V D W T
D W V V I F T V D E I R A G R
K Z W T T C T E S D I N N T O
O T I E U T R A E L O I N A L
Z M K D A R F R L I P D O C E
E Z O N I L O I T P A V I D U
A R K C A H N A A A Z E T L M
P E K R S G R C Y V V D C I P
R X I F M O H Z E Q P U A W U
U N F T L B A R G E F R R P K
G O Q P A E S B U S Z C T L C
Y B X U D A E H L L E W X A A
R E D L E I F L I O Q X E M J
```

NEEDLE AND THREAD

```
T S N E A Q U I L T I N G B T
N F Y O P B E A D I N G M S T
I P O A P S A C T W N G W L A
O A T N L X Q U H I C E A S I
P T G N I T T A T E A C M C L
E C P X Q Y M E M V E O R F O
L H N C U Z H B I W C O H E R
D W H G E C R N O K S K A L I
E O X V O O G R I S W N H T N
E R M R I N K N S H Z I N I G
N K C D I J G T C B T T U N N
H I E N O K I H S A S T A G T
X R R O M T P T U F T I N G S
Y A L Q C S E W I N G N X X B
D I M H G N I M M E H G K I Y
```

APPLIQUE
BEADING
CROCHETING
CROSS-STITCH
DARNING
EMBROIDERY
FELTING
HEMMING
KNITTING
LACEWORK
NEEDLEPOINT
PATCHWORK
QUILTING
SASHIKO
SEWING
SMOCKING
TAILORING
TATTING
TUFTING
WEAVING

ORANGE CAT BEHAVIOR

```
S H E A D B U T T I N G X U Z
E J R S C P U R R I N G X D N
S V A I I L L O U N G I N G A
S O I S N O I G K E O U U F Z
K A C T Y D B M L L E L F E Y
Q G Y I A B E C B N O E P L S
D N A K A K X P A I C Y G X U
L I J P S L L P E T N G A M N
U T O E C I L A I N U G K L B
F N D M Z O R O T N D G H M A
Y U O P V C N F S N O E S O T
A H Z I B A P Q S A O V N I H
L I N O T C U R I O U S F T I
P G L E F E I S T Y B W E E N
J D M I S C H I E V O U S Y G
```

AFFECTIONATE
BOLD
CLIMBING
CURIOUS
FEISTY
FRISKY
HEADBUTTING
HUNTING
INDEPENDENT
LOUNGING
LOYAL
MISCHIEVOUS
NAP-LOVING
NOSEY
PLAYFUL
PURRING
SNUGGLY
SOCIAL
SUNBATHING
TALKATIVE

WRITING STYLES

- ANGULAR
- BOLD
- CALLIGRAPHY
- CIRCULAR
- COPPERPLATE
- ELITE
- FANCY
- GOTHIC
- ITALIC
- MODERN
- NEO-CLASSICAL
- OBLIQUE
- ORNAMENTAL
- REGULAR
- ROMAN
- RUNES
- SCRIPT
- SPENCERIAN
- TEXTURA
- UNICAL

```
G U N I C A L V I X O D P Q X
L H C A L L I G R A P H Y M W
L M K S C R I P T E F I Z N F
V E C N I O M S L J Y R B R N
L A I P Z P P I E J A F N E N
L A R J Y J T P O C Y A O D A
A R C K L E N X E B I C J O M
T U U R E G U L A R L J N M O
N T L Z C F W O E A P I J A R
E X A N Z U Y C S T G L Q I F
M E R M O R N S D L O B A U C
A T R F D E I T A L I C Q T E
N D C C P C N W S E N U R N E
R H Q S A N G U L A R R J V
O G X L C I H T O G C M Z V J
```

A LAWYER'S WORK DESK

- AFFIDAVIT
- APPEAL
- BRIEF
- CASE FILE
- COMPLAINT
- CONTRACT
- DEED
- DEPOSITION
- EVIDENCE
- INDICTMENT
- INTERROGATORY
- JUDGMENT
- LEASE
- MOTION
- NOTICE
- PLEADING
- RELEASE
- SUBPOENA
- TESTIMONY
- WILL

```
S I L A E P P A T R X Z F A D
T N E M G D U J N E U U E F E
L I W C L K F U I L T K I F S
Y D N W D B C Q A E F D R I A
C T C T E J O I L A O A B D L
O E A N E M N D P S D H S A L
E S S E D R T R M E E G U V U
C T E M A T R E O T P N B I G
N I F T G W A O C R O W P T N
E M I C A I C H G I S G O U I
D O L I I L T M T A I U E H D
I N E D D L Z O O M T D N O A
V V Y O N S Y M K Z F I O A K E
E V Z I O X M A U V O O R O L
N O G R E C I T O N N B B Y P
```

PHILOSOPHICAL PARADIGMS

```
B E H A V I O R I S M G M H J
M C P S K E P T I C I S M P U
K S V U A M E L O G I C M L T
U F I J I M S Y U C Y S S A I
E M W L M A J I I C I W I T L
M R S M A S M R L T L Y X O I
S E Y I G I I S U A S Z R N T
I L C I N P T L I C E O A I A
L A I J M A O N I C Y R M S R
A T T E I S M H E H I Q G M I
R I Y D B Y T U U T I O S K A
U V L A K E W R H D S N T H N
T I A M S I L A E D I I S S I
A S N G H E D O N I S M X C S
N M A D E O N T O L O G Y E M
```

ABSOLUTISM
ANALYTIC
BEHAVIORISM
DEONTOLOGY
EMPIRICISM
ETHICS
EXISTENTIALISM
HEDONISM
HUMANISM
IDEALISM
LOGIC
MARXISM
NATURALISM
NIHILISM
PLATONISM
REALISM
RELATIVISM
SKEPTICISM
STOICISM
UTILITARIANISM

PIECE OF CAKE

```
E E F F O C T D N U B B J V W
L G K V A N I L L A S T I P D
T I U C K W X I P T O C E A A
B I Y P A N T P R I T H E B R
A F R K S K O A G O C R H L E
N C C A T I W M R H B Q R A T
G M Z I M B D I E R O E O C T
E R U G E I A E E L D D T K U
L R R R T S S G D V Q O E F B
F R R O P E N U E O R H G O D
O Y P O C I N L D R W W N R N
O F N A G E V R A R B N O E U
D G K H M E Z C G T W H P S O
E E X K T N E T L O M Z S T P
O U K A N D F N O F F I H C K
```

ANGEL FOOD
BLACK FOREST
BUNDT
BUTTER
CARROT
CHEESECAKE
CHIFFON
COFFEE
FRUIT
GINGERBREAD
LEMON
MOLTEN
POUND
RED VELVET
SPONGE
STRAWBERRY
TIRAMISU
UPSIDE-DOWN
VANILLA
VICTORIA SPONGE

FOOTWEAR

ALPARGATA
ANKLE BOOTS
BABOUCHE
BROGUES
CLOGS
ESPADRILLE
GETA
GHILLIE
HOBNAIL
JUTTI
KOTURN
LOAFERS
MARY JANES
MOCCASIN
OKOBO
SABOT
SANDAL
SLIPPER
TABI
WINKLEPICKER

```
L S S E R E P P I L S W S P S
O R T E U L S K V A I F E P G
A H P O H E F K L N T T N O O
F F E I O Y I P K O O A A A L
E N D F S B A L B J F B J Q C
R S W C X R E A L K S I Y L S
S W P V G P S L O I Y X R B J
H R P A I X A T K V H C A R M
Y G T C D T U Q L N I G M O N
P A K L E R A J N I A H C G Y
L E A G N O I K U N A C T U R
R P Z T B G U L Q T A N W E G
B A B O U C H E L S T P B S X
O C K J J I M V I E P I Q O A
Z O G B L A D N A S Q A R F H
```

OLD WIVES' TALES

BELIEF
CHARM
CURSE
EERIE
FABLE
FOLKLORE
HOODOO
JINX
LEGEND
MYTH
OMEN
PORTENT
PROPHECY
PROVERB
RITUAL
SPELL
SUPERSTITION
TABOO
TRADITION
WISDOM

```
L X Y G Y E I R E E L B A F M
U R O L L E P S W I S D O M Q
H T Y M A N S R I T U A L G K
Q H R P E A P M M I W V L E Z
A P Y M H O O D O O K A V M R
S C O B E P R R T A B O O P P
L N O I T I T S R E P U S R M
E H Z K R F E E B R A M O E R
G O D C A O N J I N X P A Z A
E A N X D L T A Q Y H M J N H
N Q F E I K J B R E V O R P C
D X M P T L D C C I X Z M K T
B W C X I O W Y P K M P O R M
H A L Q O R Y J E S R U C W W
I S U Q N E B Y B E L I E F Y
```

ASIAN ESSENTIALS

```
X O N P U G E Z X E K F R E R
R M S W L O W S R L Q X I C F
U S B I I A O W I M B Z C I F
D G L R M Y G M L A J I E P I
B N O E S C T N L S L K V S S
G N I A M U H U A A A F I E H
D S U R N O D I N L L U N V S
B C S O A Y N T L A A Q E I A
E R C M X M R G P I Q G G F U
C O C W V O A Z R N P J A Y C
C E W T O F U T G A D A R G E
N L I O E M A S E S S S S G L
C U R R Y L E A V E S S H T J
G E C U A S R E T S Y O U X E
D A R E G N I G I B A S A W G
```

CHILI PASTE
CILANTRO
COCONUT MILK
CURRY LEAVES
FISH SAUCE
FIVE SPICE
GALANGAL
GINGER
LEMONGRASS
MASALA
MISO
MSG
NORI
OYSTER SAUCE
RICE VINEGAR
SESAME OIL
SOY SAUCE
TAMARIND
TOFU
WASABI

PERFECTLY SQUARE

```
D X H S J R Z C W D T M F J T
B D A Q P E I E L I T S W L E
O O N J H P T B K C G K V D P
A C D P F A Q U G E N U O W R
R A K P A P O C I E J A L I A
D N E C H E S S B O A R D N C
K V R R N H B K B T X P A D B
O A C E I N O I H S U C P O C
O S H S K W J B S W U O W W P
B I I S P B Z U A X S X V M A
D E E E A J C R C T C Q A B N
R G F R N Y F L E M A R F N E
A J U D E Z Z R I B O X J I L
O Z B G T A M H T A B I R W I
B E X I F L E H S K O O B E D
```

BATHMAT
BOARD
BOARD BOOK
BOOKSHELF
BOX
CANVAS
CARPET
CHESSBOARD
CUSHION
DICE
DRESSER
FRAME
HANDKERCHIEF
NAPKIN
PANEL
PAPER
POSTER
RUBIK'S CUBE
TILE
WINDOW

THINGS NEVER CHANGE

ABIDING
CONSTANT
ENDURING
ETERNAL
FIXED
IMMUTABLE
INVARIABLE
LASTING
PERMANENT
PERPETUAL
RELIABLE
SAME
SOLID
STABLE
STATIC
STEADFAST
STEADY
UNALTERED
UNCHANGING
UNVARYING

```
W X C S S T E A D Y H B Z J C
Y I O W P G N I Y R A V N U H
S N N J C H I M M U T A B L E
A V S Z C I T A T S Q I W R K
M A T E E P U E U U A Q D C H
E R A U L Z E N F W B P I F Q
X I N L I A A R T J I G L I G
R A T P A L S S M K D U O X G
Q B M I T N A T S A I V S E N
Q L V E W F R T I W N M C D I
L E R V D B A E K N G E Q P R
Z E A A I B I A T R G D N A U
D R E E L B A I L E R N P T D
Q T R E G N I G N A H C N U N
S H W B L A U T E P R E P O E
```

THE POTATO WAY

ALOO GOBI
ALOO PARATHA
BAKED POTATO
CHIPS
CROQUETTES
CURRY
DAUPHINOISE
FRIES
GNOCCHI
GRATIN
HASH BROWNS
LATKES
MASHED
PATATAS BRAVAS
PIEROGI
POTATO SALAD
POTATO SOUP
ROASTIES
SCALLOPED
TATER TOTS

```
S B A K E D P O T A T O D O U
E A Z W A M A S H E D F V D C
K O V A C Z W R N Z D A J A X
T R O A S T I E S A T F L U S
A T S Y R J L H L I C O F P E
L T P N U B S A H L O Z F H T
I A U M W T S C Q P H B R I T
G T O K K O C A A W A B I N E
O E S F T O R R T L B T E O U
R R O A N G A B O A L Y S I Q
E T T G L T R O H S T O Y S O
I O A C H S G A R S P A P E R
P T T A Q O N K T H A I P E C
B S O Z B E Y P M I O H H F D
V Z P I C U R R Y P N I C C R
```

```
T T B D H F W S U N N Y O P H
B O C S U A D J X J G Y M U Z
V R Y N F S I R W N D B R E R
O N C O R T T L I U D R N A B
O A L W O B F S O Z I D I I L
T D O T S D Z L T C Z N B J I
C O N E T O C M A O H L T K Z
B R E E Q O O N O E R N E M Z
R E S L T N E V L V D M W I A
E L G S S N E D E A L V K S R
E L O O W R H S H W F D P T D
Z R O G C L I G H T N I N G Y
E N O A I Z O Y F A Y E C C Y
P F S H O T A G H E S X L C B
Z T K D D L D L E H Z T Z W E
```

BLIZZARD
BREEZE
CLOUDY
CYCLONE
DRIZZLE
DUST STORM
FOG
FROST
HAIL
HEATWAVE
HURRICANE
LIGHTNING
MIST
MONSOON
OVERCAST
RAIN
SLEET
SNOW
SUNNY
TORNADO

```
G A C A R D A M O M D W C V H
I N R E O D A C O V A A M W M
N L O X M V Q I B I N F Q I C
G I S C R A D N N D I X S O H
E N E M A I S O I G H O G O A
R I M K W B M E A E C M N P R
B H A Q O M D N S A Q E Q A C
R A R A I G D R R K Y Q D N O
E T Y S I H E A W C C A I D A
A N R N O D M A O M B A O A L
D E G N N E S M Q B A G L N T
P E E E L A B L Y C H E E B B
R Y V V Y B Y E R G L R A E Z B
W A B I M E S E E H C E U L B
L G G T L L S N O R F F A S R
```

AVOCADO
BACON
BLACK SESAME
BLUE CHEESE
CANDIED GINGER
CARDAMOM
CHARCOAL
EARL GREY
FIG AND HONEY
GINGERBREAD
HONEYCOMB
LAVENDER
LYCHEE
MISO CARAMEL
PANDAN
PERSIMMON
ROSEMARY
SAFFRON
TAHINI
WASABI

SPIN & SUDS

BLEACH
CLEAN
CLOTHES
CYCLE
DELICATES
DETERGENT
DRYER
FABRIC
FABRIC SOFTENER
FOLD
FRESH
HAMPER
LOAD
PRE-TREATMENT
RINSE
SPIN
STAIN REMOVER
STAINS
TUMBLE
WASHING MACHINE

```
Q X O R E V O M E R N I A T S
S J E B X F U K S E H T O L C
S S H R Y A A E E P G R H R P
T E Q V F B W S R L O H G E R
A T N E G R E T E D B A F Y E
I A F L E I Z H L N B M W R T
N C I C S C B C O V F P U D R
S I B Y N S N A A T A E K T E
O L P C I O M E D F B R S P A
F E O V R F G L W B R D P Z T
B D L O F T K B S D I Q I Y M
G Y C S I E D I H Z C V N A E
W A S H I N G M A C H I N E N
F R E S H E Z H E P C S J Z T
N A E L C R O F K L V Y D L B
```

TOO MUCH
SCREEN TIME

ADDICTION
ANXIETY
BACK PAIN
BLUE LIGHT
BURNOUT
DIGITAL
DISTRACT
EYE STRAIN
FATIGUE
GAMING
HEADACHE
INSOMNIA
ISOLATION
LIMITS
ONLINE
OVERUSE
PRODUCTIVITY
SLEEP
TEXT NECK
WELLBEING

```
D I S T R A C T C T E O P U A
T H A S E J F E L S P R K N O
L H D F U X S A U I O L X X K
X I G H N S G R T D M I S Q G
U N E I T O E N U I E I C M B
N S X J L V I C I T G B T E U
O O A I O E T T Y E A U Y S R
I M K M H I U X C C B E E D N
T N H C V E L L K I S L E Y O
A I N I E A A P B T D N L R U
L A T O T N A D R E I D N E T
O Y G I M I T A A L E H A Y W
S Z G Y N F I X N C C W O B R
I I F G Q N E O E E H S R B R
D E K G A M I N G T P E E L S
```

MOVE YOUR BODY

```
R E B M I L C N I A T N U O M
N J Q H O V M H C L T Q E D H
V U S Y J P S F C I F D F A P
T M L S R J S Q S T T N N Q U
S P K H E V T L U F A D R P H
I S N C T R L V I A S N B U S
T Q A L G A P L P T T D S L U
U U L N W L D H A R K I N L P
P A P T Y A K N C E E P R U B
L T X N E N D Z H N R B K P V
U P A D X P P I D P E C I R T
N D F C R U N C H E P B W C S
G N I W S L L E B E L T T E K
E I D H B R E T S U R H T C O
U V A C F R O N T S Q U A T T
```

BENCH PRESS
BURPEE
CRUNCH
DEADLIFT
DIP
FRONT SQUAT
HANDSTAND
JUMP SQUAT
KETTLEBELL SWING
LUNGE
MOUNTAIN CLIMBER
PLANK
PULL-UP
PUSH-UP
SIT-UP
SNATCH
SQUAT
THRUSTER
TRICEP DIP
WALL SIT

NORSE WORLD ORDER

```
W L L R E K O R A N G A R T E
F O L D N I W A L F W P Q A I
H K O L F I N I D O Q J A L R
X I V I R R A H Y N O C H L Y
T H A H I I O N E T U V U A K
G M D N R D D S U R P Z L H L
N R I Y N E C N T T J I F L A
I C N R E T H D B G S A N A V
K N I B F E X X D A I O R V X
I P D K I P Y U R R R A U O H
V L H M D M B D T S A V N M I
V J O O E I G O E C W G W T E
P O G R I G X R I N A V S E S
R A G R Y R G B S D O G S A P
M P T H E I M D A L L A W H H
```

ASGARD
BRYNHILDR
EINHERJAR
FENRIR
FROSTGIANTS
GODS
HEIMDALL
IDAVOLL
JOTUNHEIM
LOKI
NIDHOGG
NORSE
ODIN
RAGNAROK
VALHALLA
VALKYRIE
VANIR
VIKING
YGGDRASIL
YMER

LITTLE THINGS MATTER

ATOM
BACTERIA
CHLOROPHYLL
DNA
DUST MITE
ELECTRON
ENZYME
FINE DUST
FUNGUS SPORES
GENE
ION
MICROBE
MOLECULE
NEUTRON
NUCLEUS
PATHOGEN
PHOTON
POLLEN
SPERM
VIRUS

```
B U X L L Y H P O R O L H C R
B A C T E R I A M S U R I V F
R B P U D V U A E P J H M U T
N N Y D X T T C A N L E N E Y
U O I U U O R T T C Z G N T M
C R Z E M S H S U U U Y H K O
L T B W Z O T K F S F C M Z L
E C Z A G N A M S Y E G F E E
U E N E E A T P I M J W R Q C
S L N L V M O L A T I O N Q U
D E L J M R T S U D E N I F L
H O L R E A H G I N J V H H E
P M E S R N E U T R O N Z S I
A P N I F D N B N O T O H P A
S E B O R C I M S E N E G E E
```

FAITHS AND BELIEFS

ASATRU
BABIISM
BAHA'I
CAODAISM
DRUZE
ECKANKAR
GNOSTICISM
IFA
JAINISM
MANDAEISM
PURITANS
RASTAFARI
SANTERIA
SHINTO
SIKHISM
TAOISM
TENRIKYO
THELEMA
WICCA
YAZIDISM

```
B J P E H X T A M E L E H T Z
A A I E D R U Z E G E C W G S
H I A R Z O R H N O A K I H W
A N C U A M V O I O R A I A P
I I C F K F S L D L B N N I M
L S I F E T A A V N T K Y R A
C M W M I R I T Q O H A L E N
V H M C S S M T S F V R P T D
Z Y I D M I S S E A I U M N A
I S K U M K O N I N R D Q A E
M F L F Y I F A Y I R K Z S I
M S I D I Z A Y T W B I U N S
J A S A T R U A I A D A K O M
Q S E Z J K N P A F X F B Y Q
B X R A M S I H K I S L J N O
```

TURN A NEW PAGE

```
T H R I L L E R Y R T E O P R
T R A V E L O G U E R I T A S
A I D E P O L C Y C N E L H K
Y Z S Y R A N O I T C I D P O
H D Y F R P A M J E F M R A O
H Y H R Z E G D C N A G C X B
I S P M V I T N V I N I O O K
S C A I J G A S P E T E M H O
T I R F X M O O Y O N T I U O
O S G Q O R T L R M H T C H C
R S O R T S B E O S W I U O B
I A I M Y A V Q O H P O U R Q
C L B D S T W E L U T A L R E
A C B N F A N T A S Y N H O B
L G Z N A L L E V O N Q A R B
```

UNSOLVED MYSTERIES

```
M P I M Y S T E R I U M S H C
V K A T G E M M J T S U O A K
E I O H Q W H R R E P Z V U I
X N D E W R M I A E C P L N R
F T D O R A D N R S C P T T L
I R I R S D C N E W X W E I I
L I T I L E A S Y L A M O N A
E G I E R T E R U M O R S G N
S U E S U H C R X Z U E D S Y
Q E S R T E D E H S I N A V X
G S A O A N E M O N E H P P F
O L P L O R E C R Y P T I D S
V Y I S N O I T A T N A C N I
H M J S T I N U D O H W P K E
D X E S O T E R I C A F R H C
```

EDIBLE BLACK

```
B J P S K S K N I D I U Q S K
A C E L A B M Z B X A U F C M
L H M I M I H O Q G I Z H F U
S I A T E S S T L N G A M L L
A A S N R T J E O A R U X D J
M S E E I T S A V C S I C L E
I E S L C Z N A O I P S A W R
C E K A A K D A O H L C E A R
V D C G N B L A L T K O U S I
I S A U O B H S C P T D Q I E
N J L L R F G P E A G N X D S
E M B E G I A P S E I G R O F
G P A B F Q P S E T A D E U H
A D N I G E L L A S E E D S B
R O T P R U N E S R A I V A C
```

STARS OF UNIVERSE

```
P N R P M J M E R N S W L N N
T A I F W V C S A Y S C F B A
M C A X F W A U N A U X Q Y R
I I T H B O N E R O I U K J A
R P L F W Z O G E Y R L J N B
A S A V Q C P L H M I L E S E
L D E N E B U E C O S O J E D
N N S H E Z S T A E R P J R L
I B U N E G L E N E B U Z A A
L M L E G I R B R I I V P T C
A S D F O M A L H A U T Q N V
M N O Y C O R P E K N N W A T
O S U R U T C R A T V E G A U
U Q C A P E L L A S L M E Z R
A S S Z T A R E H P L A A N Y
```

ALL ABOUT JAZZ

```
I C U Y V I R T U O S O N L M
B M Y X E N A R T L O C P C O
H M P R A G T I M E Y D O O D
S N I R C R O O N I N G B U A
A K O P O L Y P H O N Y E N L
O L H I L V B Y H R E T B T U
V H T I T B I A R C L C K E D
E F P I K A R S N L H F O R I
R C U G S M P A A O N L C P X
D R Z E O S N O R T O X A O I
U E E N D O I D C M I Y D I E
B K I Z S I A M E N W O E N L
C Z Q E S L L R O R Y H N L A
E S R M W B T G B A E S C W N
L A C I S S A L C O E N E P D
```

MONKEY BUSINESS

```
M I S C H I E F Y W E M Y N W
E U Q Q D N T I Y S F O L L Y
K S A S H F A K L H B N R L E
M S C O E Z M P A E R K T K D
C U T A W H I R O N Y E F V C
I K K H P U R A C A H Y F H S
M C A C R A P N O N T N I T K
I U J I K S D K C I Z M L W N
M R V D S I B E S G P S G T I
T R O U B L E I B A S P H F J
R L B A N A N A W N H O A X I
L E H T M N X L S S R E B F H
F G P A U T O M F O O L E R Y
S S F A P S I L L I N E S S G
O M P N C E F M I M R O O A P
```

BEAUTY IS PAIN

```
T R G L E A D M A K E U P M N
N Y A R D I J C G S N O A Q O
U D R N T W M N O O W E I E I
O N S E J H I P R R R K D T I
C I C R G X C I L C S G F A A
E B I A A R T T M A A E P L G
I D N W C S U U E S N E T P N
R A E Y A I I S T R W T F P O
O E S E F D D R C O T O Z I L
L H R J A A E P R I O S G L E
A B A R S C D M E T T P R C K
C N S X T Q D D B E U S R A C
B O T O X I B I I X L G A V E
N I M D E G N G Y E X L J L N
R Y D T U D V T A T T O O S P
```

GREAT STORYTELLERS

```
S D L A R E G Z T I F M E I R
C C Y K S V E O T S O D W E L
W O O L F W L T O L K I E N L
T H E M I N G W A Y E I W Y L
O G I F E R A E P S E K A H S
G A R C I A H E S S E R A N V
F M E L V I L L E E E U D I G
G N I L W O R P W N S V C I B
W D W M D I F E K T Y T X O W
S I X T T S T L E K O U F N M
S C C Z A N U N L R A K F A K
I K K L O A S M H E Q G C S U
Q E T R F T X U A D W Z A L R
O N B J Q Y G Z O C Z R H M U
U S P J E O V J O Y C E O T H
```

MONEY MATTERS

```
V T P J K R E R U S A E R T D
S B I R G A O F C K M E K E R
G T C E F R U G A L M D B E E
O A K H L U G O M A K T D I J
K C P C N N Z D E G C A X X R
R T O O C A P R D O R A W T E
A U C O E Z D O L T T U N S I
H A K M L O O L X I S D R I H
S R E T T R E D S E I I E L S
N Y T T Y C V N A F M T K A A
A A O I T N H A Z X O O N T C
O L B O R J R L B W N R A I H
L O R E G G I D D L O G B P B
I Z H A N A L Y S T C Y U A Z
Y Y R E M M A C S E E N E C W
```

SECRET SOCIETY

```
F T C O O F R A T E R N I T Y
I G E V I T E R C E S T S W Y
S E F R E E M A S O N R Y T Y
L S O X X N V L N S I B M F Z
A O E Q D A I F Z N O T B J G
U T I C U G M R I I R M O N D
T E Z L T T F T T C F X L N J
I R T S L C I A R C U I I J R
R I F U T A N C O I O Z S K L
Z C C F I T H N X W T D M R O
N C B I M H C D X H L E T O H
O O O U T L C A B A L S R S
R N L A A I D Q W X M A C D C
O L O V U J S T N E M T S E V
I I E G O C R Y P T I C H R Z
```

THE ILLUSION BEGINS

```
U A L A K A Z A M C L U L O E
K B K E U X F F Y U E Y L L R
A R M G I M M I C K T A E I U
S A X M Y S T I F Y A B P P J
S C S D C M L Z W Z T C S Q N
I A L G D E C E P T I O N L O
S D E J H N Q V Y A G M E E C
T A I B S T O A R I I A P V T
A B G Y I A E Q L I D G A I I
N R H R C L W L I N I I C T B
T A T E K I U I A T V C S A B
A X V C L S T W N P S I E T A
H K S R I M I K V G E A T I R
M X X O S N J M M A R N A O R
M Q N S V A N I S H P E K N E
```

THE TRAILBLAZERS

```
U O K S W A D V E N T U R E R
H G E O G R A P H E R J P L R
D L E D W X N A V I G A T O R
N O S D I N T A I W Z Y J D E
O S U T J S Q O A V H G P I Z
I K R H O R C Y L P S A L T A
T R V E M P F O A A T B S M L
I A E B T A O R V H E O E A B
D M Y V R N G G F E Z F P F L
E D O E O O U I R T R S O M I
P N R A R Y N O U A S Y O A A
X A R D U D A C O Q P D A K R
E L Y Y E L P L G U N D H M E T
E H F R O N T I E R E L E R U
R E D N A L T U O R K N P R W
```

ANCIENT LANGUAGES

```
C U N E I F O R M X X X Y O K
T I R K S N A S P G G C H W W
X T O W M A N U S C R I P T S
E C R I N C A T D L V P A G L
S H N A F A L I S C A N R P T
M I A F N L I U C L Z M G I B
A E T G H S L R I I C M I C K
R R S N L L L M E A D K P T A
G O E M D Y P A I M L E E O G
O G V A D S P R T Z U Q V G R
E L A H E M Y H E I Q S U R I
D Y Z S V S I M S V O H C A T
I P T E N I O K V R B N Y H R
P H P D W D I A L E C T K H R
R S C I T N A M E S U F Q S W
```

AN EVENING DATE AT OPERA HOUSE

```
B M W Y N O M R A H G A L A J
Y A C U R T A I N K S P W Z T
N R H P C O N C E S S I O N N
O G A G N F D W N Q B A T D K
C O N O O O U J O J R Y N V S
L R D Y U O I O I A R I A E O
A P E L E F A S S W C O G N P
B R L O R M I J S T J D E I R
H G I B U W G F I A T E L N A
Z N E B T V N E M P P X E A N
D I R Y R U I W R T Z U Z Z O
Q N T Y E Y T L E O U T Y Z K
Q E R J V F A L T Y C T I E C
U V T H O T E O N W W N B M A
S E Q N Q L S K I E A D E V D
```

VINTAGE FASHION

```
D C O N G P E T T I C O A T P
S F A B S U R B S F G B H L O
E E H T T M G L W C U W S X L
N D Z O E R O Y N P O S H O K
I O O H J Y W T U I E R M P A
L R O C T Y E N T R U U S S D
O A T O W A G D O L Q Q E O
N T S O E P W G L P B Y E F T
I E U R E I N A E A Q L M S S
R R I B D I B P G L S Q L Q C
C E T M W I U C L U V S K E T
O B O S I E C A L O K L E M B
J D D E T S I A W H G I H S Z
L F A G H O U N D S T O O T H
M S E N A J Y R A M W Z A G H
```

SECRET RECIPE

```
G N I N O S A E S M C M S K M
Z A L B N O I T A R A P E R P
E N H S A V O R Y Z A P N R Q
G R S M A R I N A T E O A E Z
A Z T J D N M K J G S H N M Z
R A N Y Y I G U W T O S K M O
N R E T U A S H A H W A E I E
I U I R A J I L A E X N Z S R
S P D A D S G I E R O N I E U
H M E D K I B T O I B R R N S
Q E R I C R E Z S T U E E I A
M G T H N W U E A B C D S E
K O N I G E F B K G Z I N I M
Y D I O S N R Q A E J P E U G
L X B N I Y M B K L N E T C K
```

PROHIBITION ERA

```
B Q B R S P E A K E A S Y E S
B O W T V L R E T S G N A G M
W Y O E N I T S E D N A L C U
S R V T R E T S B O M J E U G
U E B X L W H T K M S V G P G
O W E A E E C C O M O B A R L
M E B Q T D G O O L P F Z O E
A R V W R H N G S O G L Z H R
F B J Y H S T T E Q H A A I S
N L L T H I E U C R Y P J B X
I A A I L A S O B Q Z P Z I S
W H N E D L M K B G E E M T F
G E F A P U X W E V I R Q I I
E V C X R E T X G Y F N J O W
Z T E C N A R E P M E T D N D
```

THE BATTLE BEGINS

```
K S O R W A R F A R E A M Z X
N T C T P M E H C N E R T E Z
C R U S A D E A H E C C C P G
A A W B D R A U G N A V U P E
S T A A P S K I R M I S H E C
P E C T R E D N E R R U S L I
O G O T F C A Y G R P M W I T
O Y N L X U S L R I P O T N S
R C Q E T S C W L L A V K S I
T G U F R I I H A I A P O W M
X U E I E E T I I R R V M I R
W E S E A G C B U K L R A A A
E Y T L T E A O N S Y O E C C
Q V H D Y G T H W X T W R U X
S S E R T R O F O L N M S D G
```

GOOD FOR YOU

```
C I H S I E R L T T H N W Y P
O O Z U S N C B T E E S N A B
K S R K P M S H X F K L O C A
J A U D N L V S L F E K N O Y
F I G O Y B E E V O E W I N A
L C R F Y C A K S Y R B L A T
A A C X V N E B O L F E M J I
X M N Y M K B P O K U A L W P
S O U I G K U L S A R D R L L
E R A C L A T A G A B H N R A
E I O M U U F E N U G R E E K
D N N E S L R T X Z N I J O G
X G I I H G H I L L I C F D G
Y A U F F F R H P S O Q U H Z
K L Q P O S R U O S O B C P D
```

THAT'S SO CHEESY

```
F Y F D N T A Y N R Y F U H A
E B E J W H L Q J G F G N L L
T L L T N R L S T W O H O E M
A O A N F Z E K T U Q Z D O P
T C D T F K R G D I N E N T E
V M Y O Q X A A R O L T V J N
R A E I O K Z Z G U E T O R O
A N L T P R Z R F R B N O M L
D C S R Y F O E E O I M A N O
D H N A H G M Y G R N D I A V
E E E V A E J A O K E I C L O
H G W A S A I C A O E I R B R
C O E H C S E N A S E M R A P
L S K K A P L C O T T A G E B
G R E B S L R A J S Y G N Y B
```

SILENT BUT SMELLY

```
Q A S V T H S K U N K V U K A
G M V L I V T W R E A L L T T
D M N I M B R E E B U N C R E
E O O M O I A D W T J J J A G
C N O B V A S W E Q D H B F A
O I P U K S H E S W I O X S B
M A R R E P G D M G X P G X B
P D T G G E S L K F K G X O A
O U S E A R R I N V E F S N C
S R W R B U C M E N R W S I V
I I F S R N K I E Z E E M O P
T A A P A A F T L A G W O N V
I N H I G M T E T R B H K S H
O S M C E O U U Q P A G E O J
N C J B R L P C S L Z G T D W
```

STRETCHABLES

```
F H R U B B E R B A N D U Q T
C G D T F O E Q C E C L T I E
B H S L W O W C H E U Z Q Q N
P N P E F Z S G E G E F B G G
X K Y B U P H S W N L A X J S
S E F L R B G L I U A B E P J
T J D I O N R I N B S R N Z F
N X N N I N E M G J T I O Y R
A G F G A V H E G J I C C B N
P H G F O P C C U S C V I A R
V E A L M P S Y M H P T L N V
L X G S L I N G S H O T I D V
P H U D O N O O L L A B S A R
E I H C N U R C S K Z C K G A
R G E E S O H Y T N A P F E E
```

UPSIDE DOWN

```
F G P F P U X O L V X A S R V
E R N L O P S I D E D K G D A
R L W I B M V S T B Y N Y I L
U W F R G C O N I L N O V L E
T B A S E N E D I Q C I R A M
C O I C L M A N D W X S U C D
U M J Z U A E H V J O I T I E
R C R N A Q U Q C V B V Y T P
T I O E T R Y S I T L T S S P
S M G H V R R F U H I U P O I
L K I H O E E E G N O R O W L
L B T W K I R V F T U N Y T F
T D R I E W T S N Z E E L X Q
E V E T L I T F E I K D T S P
Z A V Y P L L J P D P K A C P
```

MEDITATION PRACTICES

```
U D T L U F D N I M C M Y W K
Z C C E N T E R I N G C O I P
T R A N S C E N D Z C A N O J
D I A H T A M A H S N H U H D
B N T O N G L E N A I V S H P
O G Q A P B N H S N X H V N K
D U O S S Z H S F N C Z W U U
Y I D Q E A A D Z O G C H E N
S D X N G P N V Y F C N E B S
C E Z A I D M A D T A U A V I
A D S V J A D D P O S G S H D
N G N O G I Q A K A V K C E H
L O V I N G K I N D N E S S G
V C O F M A N T R A J A A R Z
C N F D B S I N I L A D N U K
```

ALGORITHM

```
Z V D J A T A D E N C R Y P T
E S I W T I B C M N O C N P T
M G N I T R O S G O F A X H R
B A G N I H S A H K B H X P X
J U P O L Y N O M I A L Y P N
P Y B K E L E Z I M I T P O Y
E T M B U V B Y F O I Q K A S
L Y R A L Q I U P X A N R E V
B D Y R K E N T E X Y R A Y M
A E I S A C S L A Y A R C G A
I E L V T E P O R R C H U J T
R R G I I M N A R H E B M T R
A G O A O D N I I T E T R B I
V N U C Q I E N L D J O I S X
E S Y R B Y G Y H S C E Z R P
```

WORLD OF COLORS

```
W N J Q C P V E A I S H C U F
S A S T L O C E V I L O G S N
A E P C R A B C E R U L E A N
F M N E A E V A Y A Z C T G Y
F A R P R R B E L E G K U C H
R U J O M I L M N T F F R H H
O V C D S E W E A D Z R Q P P
N E N R Y X M I T F E M U S A
X R F K I V H E N E X R O Z S
S M V Y P M A V R K N S I T P
W I O O Y P S N O A L K S E B
J L I N D I G O U C L E E A E
R I N P U P C U N J R D V L I
L O E S U E R T R A H C B E G
T N T X T Z Q M A Q U A X Y E
```

TRIBE VIBE

```
X O F N W W K M E E B R C Y X
S P E I B C R E E K D O G O N
A T T U A N A D N A M O W F P
M O E O M A L E O W E S J M H
I T N D S O H X T P A T K R
H H N E W N E J I Z M G X U N
O U E B V P R B T J A E G R C
P D Y F N Q E Y A O A I U D Z
I J E M H T I F Y J S Z M R Z
S S H X A U Q W M A R G O C
X J C N X S C B A V I E Z T F
W A T C O H C H R A I U T U T
Z S H Y I B T U A N L H C S Q
V Q T S I O U X Y U J B T A Y
I I N U I T A P A C H E E B P
```

CHECKMATE

```
H K S T A L E M A T E M P B Q
A T T F E B R P C A E I S I U
L Z Q H M G T O H N M W C C N
D D X I N J N H E E A R V B V
G X G I H F A S C E G O F W W
P L R E X T S B M Q N K E Q O
X A N S I Z A Z A K E W S V D
W J W B H E P Z T T R S N K A
Q V M N T V N D E S J O E N Q
X A X A U L E A F K E X F I N
G G T Z U G Z W A N G X E G F
A U F O U W E L T S A C D H I
O Y G E T A R T S Z W E I T Q
F V J J A R E D N U L B O K D
```

NOT CRAZY ENOUGH

```
G C Z A G Y O S W A O Y C M C
N O Y P E J R A G E K I X A I
I M A U Q E C R V O T P C N H
V W S P K K N H O A D X A I C
A M L N Y A B K R E M P P A Y
N B D K W E E Z N S P T V A P
Y E Z E U U N S C R E W Y L C
L R E Q G E N C I T O A H C I
U R P R N X H Z G X S J Z R
N A A F T J A U I D R T T T E
A N C G D L I R E N A S N T
T T D K R E S R E B G K I V S
I D A X Y T T U N D A E W I Y
C D M P N J D I G D P H D Q H
```

SPARKLING CLEAN

```
Q K P V J E Z I T I N A S W E
W V C U A H Q E E Q M D C V X
S F V B N H S N X O F M R P B
W R A R I O J I P Y S D U P K
G A C O T Y C P L N I S B E W
Z G U O O Z I L I O R K O E Y
G R U M R N Y A E E P O D W R
K A M S G E T D N A X S F S E
I N V H Q N N A U B N E A N L
G C R S I U E I U S G S E M B
U E O A W L G A H T T I I D H
X F M W C K R Y T S G I S N G
S P O N G E F I O Y X E N B G
I R J T D X D A H T F R G G J
T P Z P J Y P Y R D N U A L P
```

NATURAL WONDERS

```
O S N O G R A N D C A N Y O N
R L A O Z S B E F L U G P P Y
A L I W Y R O F S R F A Y D N
J A Z G Z N N G U D M C N L I
N F V L U A A L A U A U K E A
A A C A B A U C K P F E M T G
M I R N S L Z K E F A O D Q A
I R A G W D A U O C U L E R R
L O T E I L O Y F N Y V A I A
I T E L E L A O T A E R S G F
K C R F B B A F W R L A B Q A
S I L A Q N U N E D H L A B L
Y V A L M J G S E A E O S C L
E B K L I K T V R D E R Y F S
O Q E S J T P A T A G O N I A
```

DOUBLE THE TROUBLE

```
R J I E L G N A T A S P A I R
A U X E T R Q O T N Z J I N X
O M N M O R T W O F O L D O G
K B F S D H H I I A I L M U H
V L I S U R G S W P F F D M W
C E L E P A N C L A S H S K Q
A D C M L M Y F U S S Y A E U
W T D O I C O U P L E B L I L
B Q R X C Y J C B B M F V W Y
X E U X A K F S R D F Y E A Q
C P M Y T C E L B U O D R M T
E H D W E I F M C K M Y B T W
Z V U Y V R C S Z R H N A L I
S I A J M T H O H B W E L K C
V B L Y A R I V A L T W I N E
```

KEYBOARD WARRIOR

```
C A P S L O C K M Z T H C Q B
F N O S O B A R R O W T Z N S
L D E W B A C K S P A C E F O
M A L E I L T A B K M Q E I K
K P O V R N N O I T C N U F I
C Y R G S C D C T S I J E B Y
O E T J P X S O O P D R J V M
L K N W A R F T W M W X F Y E
M T O W C Y H N N S M X T L A
U F C R E Z O U Q I E A Q P J
N I F E B Q M P O L R N N J M
K H Q T A S E H R L O P T D E
J S P U R X D E L E T E M E W
O V F R S I N S E R T Y A P R
Z A D N E S C A P E F F F X H
```

MAYBE, MAYBE NOT?

```
H P O S S I B L E E R U S N U
I S B U N E L B A T A B E D O
N U M C K I E C N A H C R L I
D O Y Q O A A T J H W O U U I
E U S U A N D T T J P U C F F
C G P E D N D F R T H W S T I
I I E S K E I I E L F B B F
S B C T J L D O T G C F O U T
I M U I T B N I Y I L N I O Y
V A L O Z A U P C L O F U D F
E Q A N L B G R N E E N Z L I
J V T A W O O B X N D K A A F
O J I B L R E H T I E N I L T
E L V L S P A H R E P E U L Y
U L E E E T I N I F E D N I Q
```

CANCER SUCKS

```
O V P C C A R C I N O M A E I
S F C K H Y T B E N I G N M L
I R A N P E R N W I O K M B E
S C R V O V M J A N T U B I U
A Y C A T I K O C N N D E O K
T T I M M Z S O T O G V C P E
S O N O D O L S T H I I J S M
A T O L B O C H I T E L L Y I
T O G E G T E R A M F R M A A
E X E Y U R O I A T E W A O M
M I N M A A L J R S T R H P T
Z C O P Z L Y M P H O M A M Y
X R Y E A M E L A N O M A M V
T O G P U N E O P L A S M Y P
F K E N O I T A I D A R W T D
```

LET IT GO

```
S W R E S E N T M E N T K H S
G R H Q S G F T A E U D E G S
X E O V Z E H U P S L M G W E
N G S L A Q Q S E G D U R G N
L R U R D B A D H A B I T S R
O E S E A P C R R Y Z H Q N E
R T G J T L A O R E Z X F S T
T O V R O D V P W V T K V Z T
N Z V T L I U G E K Y T N K
O D H G D R E A D R I R U U B
C E Y T E I X N A Q S D R L J
S P U C T T O X I C I T Y L
U N U S E D I T E M S X W Y W
X X D O R N O I T C E R F E P
C G O V M S A G M S S E R T S
```

GREATEST INVENTIONS

```
D P M R L M I C R O W A V E S
Y P E K R R I E L E V A T O R
N S P N K O T E L E S C O P E
A C T R I T T Z I X D D V I Q
M A I E I C E A O I D A R S S
I U E G A N I N L Y S R A S U
T T N B T M T L R U W I D A B
E O A C L E E I L E C Z A P M
D M L A L U L N N I T L R M A
R O P M R D B E G G N N A O R
P B R E W A H T P I P Z I C I
X I I R B N X G H H N R Z G N
W L A A Q O J V O G O E E D E
A E C O M P U T E R I N W S Q
H P A R G O N O H P I L E O S
```

MY CUP OF TEA

```
T W Q N O I S U F N I I J H Q
Z P B C A M E L L I A B R E W
C J I H L H E R B A L B A V I
R T A D F Q A C R O O I B O S
F U H U L M A C B N Q S X L D
D C C H A E B H K E T I P J J
A O Z O V O Y A C E A D E I U
R M C O O K G M A R N A A V S
J C Q L R E Y O L G N S R W A
E K A O P P N M B D I S L S F
E P H N C F F I T X N A G E X
L B C G Q N Y L M Q S M R V X
I N T D G W T E P S E S E A D
N B A M K Z A G Q H A I Y E Q
G S M B C D T F Y J L J V L T
```

MONEY HEISTS

```
P N M O P Z S T I D N A B X C
N S O E O Y K E S C A P E W S
D Y A S K H G I M R O F I N U
A N N A L P R E T S A M A N W
R K H F Z Y T T T M O N E Y C
H R K U R R Q A N A K E S L A
H O R Y C E H D R F A O G
O W Q C N B N T S C V T P R M
S M D N E B Y L G T Q N S D Z
T A T E E O D I S G U I S E S
A E Q R D R S F S K S A M E T
G T W R L Z H N A L A R M S S
E S M U O S C I T C A T G R I
S N U C G U C E C I L O P N E
B N E G O T I A T E V Q L W H
```

MECHANIC'S FAVORITE

```
R R M A N I F O L D V M R G T
A O Q T S T A R T E R Z E U U
D T C K F T L E B N A F D L R
I E B O J A K E B B U X N P B
A R T K N D H A X E Q T I K O
T U S E P N T S L H E U L R C
O B C X K T E I K V A O Y A H
R R P F E S N C L N F U C P A
A A W R J A A T O A I S S
C C Y A E V V G O I A R F T G
F M N C P I S T O N N Z C E E
R O T U B I R T S I D G Q Z D
X O I G N I T I O N A Y R P K
R I W J C A M S H A F T E O X
W P Q K A L T E R N A T O R D
```

THE WAY IT BURNS

```
Y G J E T H G I R B B B J U K L
M H U N G R Y E X L T J K P G
T R D R A G I N G B H F T N C
K N A V U G T D O G R E I S G
L Q E W V C N S N O M R T G L
J Z Z C D E R I A C E A G C O
S T S X S K R R Z D R L N R W
Q O U X N E I C L A Z J I A I
J H O U K N D O F N L S R C N
U F N C G Z M N M M L B U K G
Q B I R Z S T L A X L Z O L B
G L M Y Z A J P S C L K V I U
F Z U F E C R E I F N U E N B
U J L I N T E N S E B I D G H
X I G N I N R U B T O R R I D
```

........ISM

```
C A X D I M S I U R T L A Z O
N F N N M S I L A T A F Y K P
X L G I R L T I V Q E B I Q T
K O M D M D M A M S I O G E I
Z G D S C A N N I B A L I S M
M C K U I D L X H I C R I Y I
M E L M A H D I O R T E D C S
R Q C L S L D J S V I A E R M
D K I H H I I D Y M V L A I X
N S Z P A E L S U E I I L T M
M F X Z Q N R A M B S S I I S
L B A O V O I O R A M M S C I
M S I R U O T S I U M W M I B
C Z B R U X I S M S L A P S U
C A P I T A L I S M M P L M C
```

GREAT PRIMATE

```
X T T K C E U Q A C A M N U H
L P C A P U C H I N O E E Q Z
L X Q C K H O W L E R E V F Y
I N O N E U G S M W K Z V M O
R C U O D E N Q H L O N C O T
D L L X L D A U X T C A T N A
N L B A Q V T I U S O P E A M
A Q D H I Q U R L N L M S G A
M A O V A H G R K P O I O I R
R U M E L F N E L B B H M B I
R E D I P S A L B I U C R B N
G O Y F E X R S J Z S K A O K
P A T A S C O C U X T F M N T
P Q J V U B S I C S O B O R P
P V N O O B A B Q P J A T J Q
```

LOOK HOW THEY SHINE FOR YOU

```
E L A Y A L U C E P L U V M I
S I P P U P G T B Q D U X M S
C Z C E N T A U R U S O N U U
S S C G J F C O S U M O Y L E
C U F A W X C E N V R X L U S
W S I W S A A A P O R R F C R
X S P D A I I A E N E U N T P
N A Y O R T M O I M R U T E X
O G X E U S T M P I O M S R D
B E I X I G O I G E O R I O N
E P S N U E R A G L I N D S J
W G A F L Y S G V A S A E N S
V C S C O R P I U S S P K I A
A X X R O N I M S I N A C A Y
```

GREAT MINDS

```
E H C S Z T E I N P L A T O O
E W R Q E O S E N E G O I D Q
K P Z E I L L E V A I H C A M
S K I G N R A I V S F E H B M
U J B C L E S H A S R L P E S
I O N T U I D R T V H T H R P
C H R E A R T E X T I O O K I
U N U W M R U R S Q U T N E N
F L S J E U A S P C S S E L O
N O H V H M H A T R A I Z E Z
O C D B L X D D H S K R C Y A
C K E R O S P R I D Z A T M Z
P E A I H Q B K Y V D T M E G
F K M B I A K A N T A U H N S
Q P S O C R A T E S F D B I O
```

INFECTED COMPUTER

```
M S M V W K X A Q K G W O R M
B J Q K R A N S O M W A R E H
A N Z I Q N A J O R T Y B F D
C R G W W B E Y Y Q A T P Y D
K K E Y Q C R O M D G F H T A
D C S K W S O O O T G N I E T
O A P A C S P R W I K B S N A
O J A K O O E Y R S J A H T N
R I M L S Z L A W U E J I O T
W H X E W Z O D A P R N B I
W Y L R G A A P T W R T G S V
F E R A W L A M N P A E U Z I
D R E X P L O I T A Y R N U R
V R O O T K I T W M I R E Y U
C E H W P V N Y T V X J C D S
```

PLE

```
J W P U R P L E D E H E L P E
T B S I M P L E Y W C X M V K
E L P M A X E R U L O V K S W
L M L B P Q N I B N M Y X X T
P U T P X S O P H O P E Z H E
M L N A P T I P W I L L J S M
I T E W E R T L M X E P Y I P
D I M I L C E E S E M O R N L
T P E D P Z L G M L E E A E E
E L L U U T P S P P N P K L A
L E P M O O E T M T M C P S
P Z P X C P D N E O A K C E U
I F U E L P M A A C R M D R R
R S S M G L Y G D P Y O C L E
T Z R T U E T E L P M O C N I
```

STICK TOGETHER

```
Y E S O L D E R T R C R S A I
X W N G J L T Y E Q A C T C X
O T K O L S J S G T L H A P Q
P K E G X Y I N R V O E P I J
E Y A L C N I O Y N P W L H T
E I X A S D M E E A M I E S E
B O M T L L M Y T K F N S D U
A Y Z E V B I E C B V G M N L
N B W F X M V M L O N G E E G
D P I Y U I R P E N L U D I R
A X U C S M C E H D K M A R E
I Z U E Y Q W H D I O R F R P
D S H E E W V Z C N L R M N U
O D S T E N G A M G I Z O A S
A W G C O H E S I V E B C V D
```

SAND AND SEA

```
S P K C H C Z W C D Z B Y L V
U E G O L D E N R N O O G A L
O A Y B R E E Z Y C M X I C Y
N C V S B P V S S C H Z B O M
I E A U J J C T D I C T A L
M F W R G N I X A L E R S S A
U U D F C C I C L I A P A T C
L L J E L B B E P U I O V A I
G I N V I G O R A T I N G L K
F L U F T H G I L E D B K X U
L I U Q N A R T K N Z F L U Q
D N A Q U A T I C N L U U A W
G O A D Z G L Y D N A S D G F
D A J G U E V L Z C I N E C S
M D S I V P C I N A E C O L C
```

WISH YOU WERE HERE

```
J O S G G Y E A R N I N G Z K
H C F J L N H E M O T I O N S
L A B S E N C E C H T R A P A
L N C E C S I N I M E R J L G
O T O H X E S L O N G I N G D
G J L S E G N I S S I M H O E
D I N E T S E N T I M E N T T
T E I O F A D I S T A N C E A
V O S L I T L Y Y I T C U Y R
S G G I O T R G E S M J U A A
G E C E R N C A I L K N N W P
C D R Y T E E E E A O M O A E
W C W O T H T L F H E V Z S S
R D T X D I E S Y F S S E A W
S G N O N A T R T L A M E F S
```

HONEY VARIETIES

```
K T S U T P Y L A C U E Y F
G A I V S V U H A E Z E E R R
X Y M J D G V F G S E L M A G
X O Z O B B L A A E L M L D G
A Z F N S A U V E M O P Y V V
Y D E P F S O C W J O L T H J
R D O L A R O B K P L R A Z T
A O A O Y V O L P W E L K K C
M O A T W X O I B H H S U B R
E W C N W S L C T E A E N F E
S R A Q L U S A A G G M A X V
O U C C T G E A E D V N M T O
R O I I P H I O B Y O K A U L
G S A P H D E E S E P A R R C
G A X W I L D F L O W E R H O
```

MUSIC GENRE

```
Z L F A R K N U F G O S P E L
P L F C O X P X O P E R A J M
P X B B C W J O E G N U R G D
O A I O K M X C X B R F Z O E
P M H S C L A S S I C A L O M
K B H S B N H I P H U I S I N
K I L A D A A D R E Y P N O C
J E S N I J C P V L Y C T M O
C N E O G C X H H L X Y B K U
H T I V C X K D A L L A B I N
A P A A O R F C S T F T B L T
N O R E G G A E S R A U E N R
S P G W D H G G V S K X L N Y
O X I U Y S E U L B B Q O S E
N H H T B H E U G N E R E M R
```

FEELING BLUE

```
N Z M E L A N C H O L Y L V X
L E C I T S I M I S S E P M W
D A L T L U F N R U O M V P Z
K O M L D O L O R O U S D E D
H W W S A F K B G W K E B I D
K E C N I F Q U O B S T S W R
A S A F H D T E N P W H E F D
E O T R G E F S O A E R Z G E
L R S A T U A N E A P D C Y S
B R A R L B D R R R W E I M S
E O C J E E R T T B C V G O W
O W N Y N B E O B E M E A O R
N F W T S N M L K V D I R L P
P U O M E F U O X E W R T U F
X L D D P E J D S K N G W J D
```

I NEED MY COFFEE

```
K O P I L U W A K E N S V V P
D U Y E T I H W T A L F P V Q
Y R P Q R F S E O I P P O D O
R Q E C A P P U C C I N O N K
J A O A B J B V H J O I A L E
W J T K N W A S Y N M C O E P
C B C L Z N I F I C I A L S P
O R J U A K E S F R G E I P A
R E W O R R S I E O T T A R R
T V A U A E B M V X G T N E F
A E T R R U A I X A E A G S A
D B T P H R C O G S A L T S H
O P S O T T E R T S I R S O C
W E T G N N H N B O G N U L O
X L U U R O T A I H C C A M M
```

EGYPTIAN'S DIVINE RULER

```
I P E P S R T A K E L O T N H
T I M E R N E I T H U U U E A
H U T M E R E N R E V A S T T
L I T Y S Z N Z N F M E G A S
S E R A E L W E Q I N P A N H
I S A Y N J A P R U V W Q E E
S O M Q N K Y H S U M X S H P
A M S Z E P H R Z E A O Y K S
M T E J S E E A R R M K P A U
A U S M U T K F M H E N N Y T
W H O S S X A D A U Y S B E X
M T W V P H I M J H N D O Y M
S O B E K N E F E R U E Q J C
K O Q C L E O P A T R A J W D
U P S X J J N E F E R E F R E
```

TIMELESS TREASURES

```
B E N S Z F Y R E L I C G W E
R N Y R T S E P A T R Q N J Z
M Q G S T O N E W O R K I Q N
A Y H P A R G I P E Y V V L O
N O I T P I R C S N I A R T R
U N H B M L F C T T F Y A Z B
S N R G U O S N C R Z U C A Q
C V I P S R E S H R I N E N I
R T M S J M I A R T I F A C T
I O I N U V R A A Y M M U M V
P L I C Z R A K L U J F C G A
T O O B L E R U T P L U C S S
C D T E R R A C O T T A M T E
M P C D I L W R I T S K M S X
U Q G S A W A L L A R T S W L
```

AFRICA ISN'T A COUNTRY

```
A A I R E G I N S W P S S G Y
A L O G N A N S O M A L I A M
I G X W A Y N E K A G A B O N
T F F O S A F A N I K R U B A
U E T H I O P I A U Q Z T O W
O X W Q O B G E Z L X A A T T
B U Q F E J W C D O I V N S I
I Z S N K B A J B R P A Z W N
J T I T A M B J E E E B A A I
D N K B E N A B L N I L N N T
P Z M R G O I N I Y X C I A A
J I O W O L H U A S U H A V W
Z O J H Q C V L Y U M A O C S
N D B U R U N D I Z G D C R E
R A I R E G L A Q J U E V Q F
```

GIVE ME SOME SPACE

```
E C A P S R E T U O B A C Q N
I K O N I G R A M R F L M O X
W N N E J F F O K C A B I E W
E D D Z C V K R G L L T Y D K
G X L E G N E Z R D A D C Z H
N G O S P S A S T R O N A U T
A Y O P P E O T A N W E V M N
R I X I L L N P S T M N I O O
T J T A I A E D E I U O R D I
S E M T L S N I E N D L P E T
E W U T I A U E P N Z A S E A
O D P J B Q G G T Q Z C L S R
E P K W U N I V E R S E U F O
Z E H Z A B O U N D A R Y I S
A M N O I S U L C E S X Y U I
```

HUNGRY OR HANGRY?

```
Z C X H S F D B G H L G M I
T R U Y S J A N S I Y D O O M
R A W R C I I M V T D U F C P
K N S G E D F I I M R F W F A
V K F N N S D L A S T E G R T
U Y R A I U X N O K H L S U I
A V M V Y O X Y E W U E F S E
S E J Q H I Q L C T R K D T N
D U S O O C B S T Y E C P R T
L R O U E A B O G U T T E A Y
X T S Y R N D T O T D E T D
B B O I E E B L O I U V E E
H V R A U V O P A U B M I D O
J R U S S T A R V I N G S Y N
I F S B N A P R S L Q B H L B
```

SPIRIT OF THE RAINFOREST

```
V L J J B S J Q S P I R I T S
C O A K R S R U Y P O N A C M
S Q K U E F U O J A G U A R L
N F Y Q T J D D T C I N A H A
A B I O D I V E R S I T Y C B
I K Q E E R E I S E H E P I
D X G I C P B T N M H C X F R
R U W S O R I O D Y A M N T T
A I I A S I K T I S R S T A P
U Z S C Y M G E G T M I J M C
G E D R S A W M E I O M C Z J
N R O E T L A V N C I H V V
S O M D E J J O O I Y N A G E
G L D Z M B C O U S C A N T Z
A S H A M A N S S M U U T Q R
```

CRAZY RICH

```
H E L I C O P T E R T V Y O D
H Z T Z R U E F F U A H C N N
V V S E S U O H T N E P W E A
S I B I L L I O N A I R E R L
O U N N O I S N A M Y J E J S
P J P T G Y O Q A H R L K S I
N F S E A O I T O C T P T W E
H A P P R G L H N U A E G X T
B M A E A Y E D B E P V A W A
E O L X S C A W L C D I I P V
N U A E T T E C I E R L B A I
T S C L Y A A T H N A V O H R
L A E O X Q O T R T E F I G P
E R V R V X W A E I P V C B W
Y T E J E T A V I R P L I D L
```

PRESENT MOMENT

```
V C V M R H M N K C Q S E I P
J I K O F L E E T I N G U C M
E T E M K Y P D M A B I V H M
L S X E O T R I P O D K I E L
B I Q N B C N S C J R C S R A
A T U T R E H E L T S Y U I R
T R I A R O A T M A U Q A S E
T A S R T P V U I U N R L H M
E I I Y S I F L T M C R E E E
G V T N B U A T Y I E O E D H
R E E I N S T A N T F L D T P
O P Q B T M Z P K A U U E Y E
F Y P I P R E C I O U S L S E
N Y N L X X S U O N I M U L S
U G V C I M M O R T A L J Z D
```

BETTER LATE THAN NEVER

```
P Q D E R R E F E D Y L E U C
D I N G K B E L A T E D J E G
E T I I T V V E S L E B R N V
T K H R L E U I L N F X I A M
A U E L P D B O O E C D D U T
N C B K R F J P O C A I N H K
I Y L E M I T N U O L H L P L
T K V Q B S G A L A E V A U A
S O X M O T K W T S D G T N T
A M S P T H H O I K E N O C E
R I S L O W R T G C L I R T S
C S M T R Y A T Q A A G Y U O
O S N R X N W N K L Y G B A M
R E K O T P N P E S E A S L E
P R G N I Y R R A T D L O X R
```

GREAT DEPRESSION

```
F W S T O C K M A R K E T Z G
T C O L L A P S E R A F L E W
N V S S E L B O J P Z Y T D E
E N I O C N R B I Z C R Q E Q
M O S V U J I H O T B E D F J
Y I I E Q P S L P S N I N L N
O T R Q K D K U D L B O X A O
L A C E R H R I W A I H Y T I
P R A A L K E O T S E T D I S
M G H O N I B C S C R R A O S
I G A L T E E O E H M B N E
N M B D S K C F V N A E T Q R
U G Q U T E U O E U O O N E P
D D D G R I P Z M J X M H W E
H O O V E R V I L L E M Y Q D
```

SLEEPLESS NIGHTS

```
E P G A L T E J C N X J M I F
R D A J A Y L E N O L B K N G
U F Y T E I X N A I P S V S W
T C O N F L I C T S S E R O P
A E N I E F F A C Y P U N M D
R R E S T L E S S N E S S N E
E Q S S E R T S B E W S U I P
P C S G S Q Q A E I O I V A R
M B L I G D P Z G R Y W F E
E I Y C C D O F H H K L L L S
T G X M R T X U J B L I W P S
O H Q E E I N W H O O M Q Y I
D T A G X G W T R R A A I O O
I M R C E C N I A P D F E P N
S U E R E M I T N E E R C S P
```

UNDERSTANDING PHYSICS

```
H N E W T O N P A R T I C L E
A M U T N A U Q U F Y Q Z L E
O S C I M A N Y D O M R E H T
X A C C E L E R A T I O N T I
E N O I T C I R F M W F V G X
Y Q K Y G I D P K T M T E N M
K T U W Z R P M A S S M L E U
E R I A P K A S V A O O O L T
C E O V T L M V C V S T C E N
I C B W I I Y B I I O A I V E
T R M K P T O W E T M Z T A M
E O R P I I A N Q E Y A Y W O
N F C A L C U L A T I O N P M
I Z O R M B B O E O D R H Y F
K Y G R E N E N C R G Q U M D
```

THE LOST CITY

```
U E L D O R A D O R C U S W U
C T S M A L A H B M A H S H Y
O I R I L Z L T N O H C K L U
R E U O T S A O R E A C V A J
A U E D Y N L G R W P I N N L
D Q F Y A Y A A V P O P A G A
O N W Q B D C L I X M U L A N
J E B A X L P V T F P H I M I
N L B M E F R E N A E C H S M
E A V I L P X J R H I A C I A
H P O A N G K O R D I M X T K
O N R V I N E T A B I O A P I
M A U D S J J J N F A D Y E Z
C C A R T E P L A K I T A L D
L Z F O Y T I C T S O L K O M
```

TOUCH ME NOT

```
A E Y T I I E A P J Z D D I T
Z E H G J I N L S I A Q K N C
C Q S O L F L T U O D N A D V
A S H M U W R A R S M T S I H
U S E X F F B A U O I I H S S
T W D N H K V R G S V V M T I
I E E K S O E T E I X E E A T
O F L P A I N H X S L L R N T
U F I J B E T A P P E E X T I
S E C W C O L I U J J R C G K
O T A I K O R F V D I O V A S
L E T W O E H J X E A N W E H
U E E F E V I S U L C E R Z D
R B T E N T A T I V E D Z S D
H J D E T A L O S I W V Q P M
```

EVERY HIKER'S DREAM

```
T T S E R E V E Z L N B Q T A
P L I N M A E M N A A A A A G
U N J O J L I G N K U M M J N
O W U U Y U T R E G B G N I U
K K F U L A U R A O N W N X J
I W Z A L P M C R A F S O A N
L N K S A S N A P O U C T P E
I A O N U O A A P E Y I G O H
M M N S C I H N H L A L N T C
A A P A N S C U A G A A I O G
N A A I I I S S A M T N N V S
J S I H H F V Q O D X E S T A
A J S P C M B H B K O D A J K
R M G N I R I P S A Z O W G H
O G X Q D S U R B L E R H G V
```

WHAT A PRICK

```
S E K D R S K E F W U T T S B
A N P Y E O U J O Z D H U A Z
Z I N L L V I T P L H I N N F
K P I N E L I B C L A S T D K
C S H E E L O L W A T T S S Q
O K C E L J B H S Y C L E P X
D N R D R N K M E C H E H U Q
R Q U L B A H N A I L B C R E
U R A E S R I E P R W A N I O
B Z E X R P I J D C B R W L B
R O S E U J Y R E G O H E X E
N G R C U Y B O R H E S B L B
V P R L O V L R T M R H X U P
R O L R S L O E A O R S O J Q
P R P D A A G K G B R F O G C
```

WORKING TOGETHER

```
O G J N O I T A R E P O O C S
A W R C P I H S R E N T R A P
V C N O O Y N O M R A H A U S
B O N O U M L O K O J C L N R
H L O D I P B G I B K N L O R
P L I U C T W I J N J O I I Y
I A T C O M A O N C U I A S A
H B C O A M U N R A M T N E L
S O A M C G U N I K T A C H P
W R R M T F L V I D C I E O R
O A E U I C L O R T R C O C E
L T T N O Z R H L A Y O I N T
L I N I N Y G R E N Y S O Z N
E O I T E A M W O R K S X C I
F N O Y E I R E D A R A M A C
```

AT THE END OF YOUR FINGERTIPS

```
F U N C T I O N A L I T Y J Y
S F W J A C T I V A T E V T T
C O N V E N I E N C E N I L Y
Q L J N J U A S T Q E V L O D
G S I M P L E N G F I A S R N
E V Q C M P A Y F T T D A T A
L B P Z K T S O C I Q L C N M
B U M B S A R A G U I F C O M
A T F N E T R I I D O G E C O
L T I H L E D C P A Q O S P C
I O N E T D K G D O U V S V R
A N S N L N A V I G A T I O N
V S I Y Y D A E R U Q A B W F
A K E Y Y J J J V J J J D P L J T
Q W L N Z B E Y D N A H E Z F
```

MADE IN JAPAN

```
O P W O N S E N D S D N E Z I
H I H S U S I I A M W E R M V
A Q T M Y L X A J N N U I W N
I A E O Y F G Z E Z I H V V D
K O V S F B S U T B S M J R L
U I O S K T A K E A W M E B K
N U G O H S M A S N I N J A X
K Z W L Z X U Y O C P K O L S
K Z A B L G R T N M I O O W N
S O H Y Y Q A E O I E U B A V
R R S R K E I M M S U E K S K
A F I R G P A P I O N D P A P
M W E E F O Y U K T L E V B R
E C G H J V E R O Q A C E I X
N W L C H W M A N G A S M Y W
```

SOMEONE LIKE YOU

```
T N E G I L I D O E E N C L L
A L G E N E R O U S U T I O P
C C B R I L L I A N T G T Y F
O I H W L W U Z W D E Q E A L
X P T A F L R Z I E L Z H L U
I D T E R T U G S W E D T U F
Y R L I N I N F E G G O A E T
C Z A P M G S E W Y A G P V H
F Z L G R I A M I I N D M A G
Y N N U F M S M A L T T E R U
E C H O N E S T U T I X X B O
H J O Y F U L X I J I S S B H
G N I Z A M A S Y C Q C E J T
N Y Q L N U R T U R I N G R M
K I N D A G N I R I P S N I C
```

SUGAR RUSH

```
S H A H M A R Z I P A N E S F
N D W J L J Y C U E U O T O H
O O N K M D U T T L L U V R N
R Q G G N P S A N V N S C R S
A O W A C T L E P O E R R U P
C M C A R O A K D K L U A J O
A A K A C L C A A O O E E P R
M E T O P W P C S N L L E I D
S R H M T A N E T E L I Z E M
R C C U B A Q S Q Y I G S B U
I E F F P F J E B L P K S J G
A C U F O H O E Y A O L O N P
L I D I Y P A H F P P Y D O O
C Y G N Q N S C Z U S K A B C
E E E S S R T B R O W N I E S
```

BIG BANG THEORY

```
Y G R E N E M U U C A V C N R
K J Y E M I T K C N A L P U G
T I S O T R O P Y A F B C C E
S M U L T I V E R S E O Y L X
Y T I R A L U G N I S T R E P
I N F L A T I O N M I E G O A
E B E J Z Q X B I V L N Y S I
G B V Y H V N C A A I M F Y S
A V O D F D C R T L A N N N I
L X L W J O G I P T O E K T O
A I U D O T V U T T B R D H N
X R T L U I O E Q U A L M E X
Y P I W T C R H L U C D U S M
V N O Y E M P A Q A T O M I A
G V N D N O I T A I D A R S C
```

THERE'S MORE THAN ORANGE

```
H W Q C A R A C A R A X H E G
C O O V T T O C R U M K M Z T
C L E M E N T I N E S A A R O
G N Y E V R S T D N N H N M M
A J A F F A E A W I V F D T A
I S C Z Y J G E L R C T A A G
C A I E I U N M Z O J W R N R
N T E E W S A I N R E V I G E
E S U H B H R F V P W N N E B
L U N I D N O M A L A C N R T
A M U Q Q O D Q F T R I E R
V A S Y F U O M O R O Z C N M
G L E V A N O M U S H Q B E N
L I M A S N L S E V I L L E E
L E E W N V B A O L E G N A T
```

CAUGHT RED-HANDED

```
V J N C O L L A R E D D A X S
S N A R E F Y P J V F I Z T U
N N R T S P R U N N N M M D R
P J R M O A T W A C S P Q E E
A T E M P R H I R Y N L D T V
W R V J X T L I U H B I N S O
D P E I E E M J F R D C E E C
E R A A D I Y Z R B G A H R S
G F L U N C O V E R U T E R I
G Z E A W H D S Z D I E R A D
A Z T T O E U P I T L D P N U
B E E X T W Z O E S T S P A F
D B Q S X Z F T S P Y M A B F
A U U B D E N I A T E D W M M
X B V G B C A U G H T S Z I M
```

PASTA PERFECTION

```
I R X F G K X Q F Y G B Q J N
P A I U R C V A N G A S A L C
E V N S F A R F A L L E E G D
N I O I E M P E P V P L N M V
N O T L N P I T T O L O N G A
E L A I Q A C L O E C E T A D
F I G O A N I J T C N E K T F
M U I Q G E E A H I H T M J M
A O R Z O L I I U J Z I T I S
C O I V D L Q G I L L E M E G
A P N O G E N B U C A T I N I
R M I A S I U N F D C N X U K
O G T P L P P N B M H C I F R
N J O D V T O R T E L L I N I
I T R U O D I T A L I N I G C
```

RENAISSANCE

```
V C X K L I T E R A T U R E F
J W W S C U L P T U R E N N Z
K M C K J Y E R U T L U C O N
X O I L A V I V E R I D V I P
I F R C E L B H V T C A D T E
M V L U H V V B S R I V Y N R
S P E O C E O H E A D I O E S
I G X R R S L L T V E N S V P
N E O O N E O A Y R M C P N E
A N E G L A N R N L I I G I C
M O U N H Y C C A G T B A Y T
U A I T A L Y U E I E R E D I
H K I V M P D D L P H L U R V
W Y M L A C I S S A L C O O E
J W J X J Y M O N O R T S A C
```

THE BIGGER THE BETTER

```
O G X P F W L A V I S H Y X N
V E J P S Q E S U O M R O N E
J N C R D D M O N S T R O U S
K E O O L T P S U M F Z B C G
E R L D H A R I M M E N S E A
X O O I E T I C I L X E V N R
P U S G I V M T U P R X E S G
A S S I C E I F N Q S T L P A
N S A O D I I S P A U E P A N
S U L U Q T T Z S C T N M C T
I B M S N N D N M A D S A I J
V F N E O P D A A U M I B O A
E K L T S A V A O G Y V B U N
V P D D N A R G T R I E E S P
L U F I T N U O B P B G P W P
```

FERMENTED FOOD

```
C D W G S K J O E X G Y I U K
H L M Y S S X I L D I M J E K
A J X G K O M B U C H A N B D
O I G N O O G A B Y E M A S A
Y A B F E L L C J R P I K A E
J P D S A W L I S V M S I U K
K A O C C Y U F F A E O M E A
O T E Y H B R G L L T O C R Z
G K N E A W M L A B N E H K A
I T J U R U G T A Y Q R I R M
R R A H C R M P T V O J Y A A
I J N O N O M E K U S T G U A
B W G A H K V A S S F Q T T C
O B I S A M A L T U C K S A R
W N Y K H S I K C V I S Q F N
```

SILENCE PLEASE

```
C A V B V D S Q P K A D U F K
G D E H S U H V G U F M S I V
N F D L C N D O C T T S N O D
O D D E L P A H M Q E U I O E
I F E O P U K I J L U C H I C
S P U H M P L H H E E I E S N
E Q D K S L I C E L E H E E E
L U B O I U E L E N W V N T L
E I U S B E H S E S E F F R I
S E S T P M S S M S V R R E S
S S I S U Q P U A L O B E P T
B C O M U T E R N Y A L T S W
X E S S E N L L I T S C C I I
P N T T C T N E C I T E R H D
X T P B E L B I D U A N I W F
```

SPECTRUMS OF MIND

```
Y T I L I B A I R A V Q G J S
J I M T E C C E U M I R L S T
P I A P S O S A E D I V E C Y
U N D E R S T A N D I N G M S
C D O R E L I E S I E K O E U
O I G C V M E F H R F X U N C
G V N E I S M A A C B N G T O
N E I P D N K W R V Y N C A F
I R K T O O A T F N I S X L B
T S N I R I F L B N I M P I T
O T H N E O K S H C A F G Y S
N Y T V N M A M G E N I U S E
T Q E C N E G I L L E T N I G
V S S Y R O S N E S D N I M O
```

HIPPIES

```
S P Y J P J F U W M Q J R T C
L O S O U L F O P N C A S O H
S A N Y O A O V O J I U U I A
E E T W C D R I Q N L N P Y R
B B E N S H T G B R T S L P M
I R D T E A E O E E K D M Y O
V C O L T D W D R N A O C N J
J C A I U D N C E E Y E D O Y
K L D U L A U E I L S B E M O
S E O Y W L Y R C G I L E M S
M U I V T D F V U S R C R U M
M Q S U E O E J F N N O F N U
J S R I C J K B O G J A O E R
G E T E E C A E P P C Y R V D
N O N C O N F O R M I S T T Y
```

CLOUD NINE

```
R O V M E X H I L A R A T E D
H Y B L I S S F U L C U M Y Z
D E L I G H T E D K A N M C G
C A A S S I L B B N M N E I L
P D W V L E L A T E D S R T E
H H H E E X F U D D H R A E
J A A P S N O B E G P O I T Z
E U P H O R I C N A V Q M S J
C H P Z D O P I R E S Q E C U
L Y I A T M M A R N U E N E B
T B N Z V A D J D V F Y T E I
O J E W E I O S H A Q H X C L
Y O S B S Y N T N A I D A R A
M Y S E E T Z E R U T P A R N
H H C D W G N I W O L G D B T
```

TIME TRAVELLING

```
T D L A T R O P U T S Y E X I
M I N T E M P O R A L M M R P
R M A Q U A N T U M S E I T M
Y E E O P A S T J I Q R T R U
Y N R C C T J F N A L A E L U
P S O J E J I O U R K T C A N
A I L H G N R M A T E I A S I
R O E K H H T V E M U S P U T
A N D L C T K U O L A R S A N
D F T A O C O N R Z O Y E C O
O P N A O H O H X Y A O B O C
X A Y L I R M V C D R Q P R A
J U C K H T F R E O Z E U T Z
A W X C B C A K O F P F B E M
H I S T O R Y A F W P E R R S
```

MINING PROCESS

```
A V D R D G N I T S A L B D X
N P G N I N I F E R T L A I P
O F M M O K F L R Q U A A I W
I L T I A I S H Y C N R T I S
T A O N L Z T M D X N E D X G
A O Y I X J S C E D E N O R N
T C I N A H C O A L L I O A I
O O E G A K N X U R T M U U L
L T S F D D T A J J T I M E I
F L T W G L R E O G E X N R A
E N O I T A M A L C E R E G T
N Y R R A U Q L H Z D P H O D
I S R K S G N I L L I R D U L
E F E D S C I S Y H P O E G O
V S O R E S M H A U L A G E G
```

PITCH PERFECT

```
B B Y T I P I C V E L B E R T
X E A F F A L S E T T O P H N
O M H R S Z L X E R P A R I A
Z C H O I R Y N O Q E S J G D
B S H T U T O Z U S W S K H U
S C O V C R O I E T Y A R M R
C N R P I A W N D A A B X E E
O U H E R B B T E C G M U L S
P I A U S A R M C C U N H O I
E S R P O C N A S A T I E D R
R A M I C I E O T T V C I Y P
A C O T T R O N K O A M C O E
N U N C A F F D D S X V T B R
G A Y H V G H I S O K L I B V
E F U U E J D E S C A N T J Y
```

FLOUR, BUTTER, SUGAR & EGGS

```
T Y T G C V S B V M Q Q K W Q
E R Q U D Q I C A E X C S T L
N Y E I N S P D O S U R B F E
G K S I C O E R F N N O S H D
I D S O C L D F P C E I O D U
E Y T V E N U T R M E S R A R
B T W I C P A Z O A I S R N T
I Y N Z M E Q N F J P A U I S
O E H A J K T B I Z E N H S H
S H E R W Q E T T F L T C H C
P R U U S E I P B I P O O H W
C C A N N O L I R L P L L K T
Y B R I O C H E O X A M D Z V
W W N I F F U M L D Q G U Y O
B T A R T W W D E R I A L C E
```

LOVE IS ......

```
E V I T A M R O F S N A R T E
V B F U L F I L L I N G J V K
U B B E A U T I F U L V I I U
P A S S I O N A T E I T N N N
O C B H D A R G H S R D E F C
S E R W E I F B J O V L M I O
E N L B T M Y F P O T F Q N N
E D L O A C D P E N Y I R I D
L L M U C M U E E C W F X T I
F E A N I S T G V T T F U E T
L S G D L V F T Z O E I P L I
S I L P I P X X Z T R O N O
S V C E M G N I R A C I N N N
R O A S O I E Z J B U E O A A
L W L S C D G N I L A E H N L
```

20 SHADES OF GRAY

```
P L A T I N U M L I S S O F L
J S D T Y I U L B H G K K V L
G R A N I T E E A Y X P N E E
B E Q Z A D D V Y O E T E R K
B T S J A N A O N W C T J X O
A I Q E L Y E D T G S R C P M
Y C L B A Z H E F T C T A Y S
T A K P T Y R G V R J U H H E
E R F Q E H E A Z H S N E O C
L H D X M S D R F S H G R J I
B T G I N A N G Q T I S N N L
B N R U U D U O C S H T U K U
E A Q J G D H Y Z B M E H I N
P P I R O N T L Q F Z N F L A
S L A T E U Q E C I N D E R R
```

OVERLOAD FORTE

```
E E G R U S A M P L I F Y E Y
E O Y W E F F O R T M X N C P
D U V S I I N S C M I U G N E
H D D E T T T A W G N N O E R
V I G O R R D X H N T E M I U
I V H H E B A D S O E D A L S
J N L N Y E U I I I N R G I S
U E G Z N T J R N T S U N S E
S T D E C G I Q D R E B I E R
H H R P Q I F S J E G J T R P
X G C I T M M R N X N E U A H
Y M J P E N T A E E P M D H L
Y F E F O R C E N N D Y E A F
E D A O L R E V O Y Z X K Z B
C Y T I C A P A C Y D Y H Z L
```

BLACK DEATH

```
A E P I D E M I C V O N A I M
Y I B P E M I T C I V R P N F
N W R L E V A S P R E A D F N
E Y C E Y S R I N Q N N F E O
G W O H T G T O N D E L K C I
O H V P I C I I E I E H M T T
H Q T O L G A M L A S M V I A
T R U R A V I B S E E R P O T
A G I T T C C Y O D N V E N S
N V N S R L L B I U I C C Y A
L O S A O N U E H B U J E E V
C E W T M B V O N Q G W E S E
N N X A A A E U G A L P K N D
N G Z C L R K A E R B T U O R
Q U A R A N T I N E M H B K B
```

WALL STREET

```
Y Y E X D U S E N O J W O D N
C J T Z Y T I U Q E N H Q N O
R V T I A I P O S E F H U M I
Y B O N D D I S G B V V U F T
P U T L E I N N R A A Y Y P A
T L R X A M U E H W Y I K O C
O L A S Y T T Q D S S E X R I
C S E F T E I S I I L U T F
U E B G N O U E L V D N F I
R R C D W C Q I V F U O S N
R U B E A L O K V T N Z D L R
E T C K U A Z M V M Y I V I E
N U Y O N I G R A M P O Y O V
C F W R S E I T I R U C E S V
Y F F B V I Q A D S A N G R D
```

ASEXUAL ORGANISM

```
M K T S A E Y X Q M O J A Y U
T O T A T O P Q U I D F R X C
A Z M Q Q C F I E V D R N F O
Y R R E B K C A L B E E L L C
F X C O N E I I N B D H I A H
N Y F F M O V D W X S R B T Y
C C A A P E M A A I M J L W D
Y O R P R L R E F F Y X U O R
G A R W H T A R N A F E B R A
P R O A S I A N P A B O F M M
O R Z N L T D H A U A E D O R
T X R C S F L R S R T E O I S
J E B V J I G N U F I K S M L
F C D S P O N G E D W A C Z A
I N G A I R E T C A B S N E V
```

BABY BOOMERS

```
P H A M B I T I O U S Q O P R
G D I D E A L I S T I C S P E
N D E T A C I D E D F G U E S
I I P C K D L D S I C B O R I
K N L Z N O E T B I P R I S L
R D E A N E A R T P E N T I I
O E R V N B I O I S S M N S E
W P U E L O I R P T B J E T N
D E T E S R I O E X E L I E T
R N A L T I N T T P W R C N T
A D M A N S W A I N X T S T L
H E P U I X D F R D J E N C A
D N U B Q E V I T C A V O L Y
B T L G E N E R O U S R C F O
Q E C I T S I M I T P O T W L
```

DEADLY DISHES

```
H O G V T L A A B D I B B B C
I E R O B O T K A T L E L Z Y
R H P Y R U A V C P E O P R D
S A X M G F A D A O O M R X E
N B W U E S L C S D L E Z V E
A L F C S T H L C T B M P T W
E O E A A T K L U R O U E R N
B W C B A S A E E B Z O E H O
R F A E A M S D R R D D L F S
O I D C E T L A A K N E E S M
T S I B K E I M V A G S K F I
S H K G D E U N E A I N W A J
A R J L C S E L A K A M O X B
C B I F A N O Z H M V D L B L
V W V C F A E L B R A B U H R
```

CROWN OF THORNS

```
C H R I S T H U M I L I T Y D
H F K V E N E R A T I O N R P
Y R S K Y P I T F N J G M I E
Y O E A E X A H J D L R O G N
C F Z D L C J I M O A C D H I
H R P B E V I S N O G B R T T
L O U P G M A F E L O N Y E E
N U L C N E P T I B N I T O N
O F L G I S P T I R Y E R U C
I A S U R F U W I O C F A S E
S I N S E Y I S D O N A M N U
S T R I F L F X E X N W S E H
A H O N F O C L I J X L L S G
P A H G U H X C D O G T I S F
B Y T Y S H E C O K N L Z L N
```

PARIS: CITY OF LOVE

```
Q C U L T U R E D S E K L A L
B I B V I Q F I R L V I D R N
I R V C L F C G B N M E L T S
M O E J D O U A K A T X X I Q
A T R A N Z N H J A E C M S H
G S Y I T O I E C T Z H E T V
I I C C I H S I A Y E A S I I
C H G H J T T N N J L R M C N
A N S C I S O A I F E M E T S
L A B C I I C C K W G I R N P
F D V H S B W D D I A N I A I
Z Z P S S C E N I C N G Z R R
T O A S S E L E M I T G I B I
S P Y C I T N A M O R G N I N
M E T E M R U O G Z W M G V G
```

THE DARKNESS ARISES

```
R G F X E W W V R J Y R V I G
E N T N E L O V E L A M U S R
B I Y J C E I B T H P G S E I
M D G E E E B V S G F U T N M
O O N R D D L E I E O A G I D
S B I I A I A E N N L D D G E
C E S F R S L K I O R E E M R
H R U Y K T O M S O E T N A E
A O O Y T U O E K I K A O T T
O F R D N R D Y L Q U L D I T
T A E O E B Y G S R P O N C U
I H G O L I P H M S D S A E L
C S N L O N G E D K E I B F C
K T A B I G Z A G Y K M A Q P
G V D K V B P T E R B A C A M
```

GIFT OF GAB

```
K X O N U C V E R B A L X K Z
B E E M O I U Y Y S O N C H L
C W T A X I V N U Q Z H E A D
J O A A X P T O U X A E C E J
R R B P L Y L A S T T O U Z R
E A E P A U C O S A V G K H Q
V T D P R I C N C R N V E K U
I O J R O I Y I E O E T E S X
S R A U A E N U T U O V P J X
A G S B S U G R K R L E N O C
U D L X M O E V I S A F C O Q
S E U M L V G C G K A R H F C
R R O A L T A L K A T I V E Z
E C I I Y U E C N E U Q O L E
P D S J E X P R E S S I V E S
```

LEFT-HANDED

```
N X D I F F E R E N T F L K L
O Q S U O R T X E D I B M A V
I H D O M I N A N T T Y N I Z
T M W W R I T I N G T O O P Y
A Z A A N K R Y X I I F F E T
L L C I P A K E R T K X P L I
I O I Z R H T E N A L Y A I V
M A T E Z I T E E A Y S W T I
I U Y G S X V U R J C M K A T
S T P O E N Q T O Q N U W S A
S S P D O I S K T S E L A R E
A P T C N I V P K T D C R E R
O W N U N X H M D P N J D V C
H U L I O E C N E R E F E R P
B Y S G A U C H E Y T F E L I
```

DO YOU SEE THE CLOUD?

```
Z C F M Y Z U A G V N W Y Y Q
Y W O O L L Y S P Z A R L W X
X S U O H P R O M A E Z M O O
S T D G Y D O S X H C H H L S
U L N D R I G I T U G B E L T
B F N I O O I A M B O R M I R
M W M A P F E U C C S I A B A
I K Y P A F L U D Y S Q Y G T
N X N H V U F Z C T A E Y L U
T W O A S U R E Y R M Y R P S
G I T N M B E P I I E X Z S F
O S T O N L C S T U R V B A K
I P O U F C D E N S E H G Q H
A Y C S L A E R E H T E X J S
Y F F U P I H Y F F U L F U N
```

DIDN'T SEE IT COMING

```
A A W B L I N D S I D E D E C
N A S T O U N D L K C O H S U
H Y L D E N I M P R O M P T U
D S G U W P F R R E G G A T S
B T S A G R E B B A L F O B Q
U N F O R E S E E N E D D U S
N Z Z Q K D E T C E P X E N U
P M A H W I I Y K A E N S P H
L J H E F C Q G G Q S U T E X
A J L T W T S W U N R P N R D
N E L T R A T S V P U R A P S
N D J F J B A A R R D N T L T
E D Q C W L Q I B K F W S E U
D M G L A E S A N F Y B N X N
V S S U O E G A R T U O I J U
```

HELPMATE

```
H G W Z J S U P P O R T E R W
E C I L P M O C C A J K Y S H
Z U N Z K E D A R M O C Q U U
K P G Z V Y J I K N N O O R D
C A M U C O N F E D E R A T E
I R A Y A K P Y J D J R E E P
K T N D S E A D B N P T C K D
E N F R S F V D L E O E O Z J
D E B Y O E Z U A I X A N U C
I R X O C L L B P F R M S S R
S I N N I L X M E F C M O P O
M A H G A O Y E N T H A R D N
A L O I T W Y F A I U T T Y Y
T L D Y E P V U E T M E Z K L
E Y A T S I N O I N U O R F U
```

HOT AND SPICY

```
M X B U R N I N G I Y O G V I
L B F L A V O R F U L P N T N
U L T N E G N U P P T I I U T
O A R U C F I E R Y N Q H F E
V Z B C B I J Y V D I U C R N
H I A A S W T R S I C A R Q S
G N I R U L L A Z R B N O G E
C G X A X L Y I M R U T C N L
R Q P J V R Q W O L H S R M N
E Y T S E Z P N U T R E Y R M
N X H P M J O E U L O A J A O
I T P O W C A C V S E T Y E K
N E F L A M I N G N P E R S I
P Y Y G N A T I L D G D N Y N
U Q E V I T A C O V O R P Y G
```

KEEP CALM AND ......

```
M Y H P A R G I L L A C U L W
D E P I E W D O P U Z Z L E S
R C D S K F G S Y G R H G I C
A A A I B I N N D Z U A M F
W M U B T N N I I Z S E R B I
I P J D G A L G V Y Z S D L S
N I O I X A T K R B T J E T H
G N N V N R K E Z A T U N E
H G U R M G T N R C G A I H N
E G U I N T W G I Z I N G T C
R O L I O B A I D T Y O G O O
J X K P Q Z L A P V Y M R Y
C A H N E A E T X W A I L C I
B Y H P A R G O T O H P N M B
M D A N C E G N I K O O C G A
```

SOUND AND PERCEPTION

```
R A L I S A B V E S I O N E P
A P S V T O N O T O P Y G S L
C U S P S O N E K D O Y Y L A
O N D T E X C F P H A C T S W
C L G I A C G G C A H N V S A
H E H M B E T E S O O E R E V
L B C B C I B R A V A U N N E
E I T R T N L C U Z M Q B D L
A C I E W R O I G M P E I U E
P E P Q D U M P T I L R N O N
S D K K S Y A F K Y I F A L G
O X O T Y M D N T N T T U U T
H J I F J Q O H T H U F R H H
U C M A S K I N G U D Z A I U
S Y R O T I D U A M E B L B G
```

SIGMUND FREUD

```
S W O G E R E P U S F Y G U M
X U F I F A N T A S Y B S D P
K B O S U P I D E O B U R S I
Y U Y I O N Z R O X B E Y N V
E P T X C T O D Q L A C O E A
S H E P X S I I I M H A E U N
N C I S B N M S O L Y E R A
E A X L I Y A O A S X I L O L
F T N L S T C N C Z E X Q S Y
E H A G I X A H S N V R V I S
D A O O P L J R E M U A P S I
Y R N E Y K G E G O V A M E S
B S T S Y S U O I C S N O C R
S I I J V K E N A I D U E R F
S S E S H Y P N O S I S U C E
```

FAULT-FINDER

```
I Q R R X T E V A L U A T O R
R R U X E J R U W A L I L V A
E E N A A V D M N E N U P Z S
N S X H L I I A E V D V I T W
I I M X T I L E E D D I P E R
M A R O D Y T S W R I R T E Z
A R R E S E T Y O E O A K O C
X P R T T I T S C O R C T I R
E P M O G I I E F O E M T O R
J A U A T V B R C H N I S E R
R U T C R I E R C T R T T S T
R O D E L A N T A C I S R P L
R C P G D B C O Z K E V V O L
X U C E E A D F M T J O E E L
S H R H F I N S P E C T O R U
```

BANANA, BANDANA AND......

```
H B B A T A T A B B Z B R M Z
B R O F V B V T E E O X A N A
R O L O B O R L A D L N N D I
U M O S X E L I E T I U U I N
C E G P Y A B G D R S C G K O
E L N H D E A N E E A I M A G
L I A O R K A L L R Z D R E E
L A N M O V L Z R D L I W A B
A N U O A A J A G C K Q L B B
A D Z L B Z B L F X U Q C L H
A A K J B L A N Q U I L L A A
B A Z E B C A I R E T C A B Z
B H B D T B A B O N A N Z A W
C S V X B A R R I C A F C M D
B A B U S H K A B R Y H T H C
```

PORCUPINE GRASS

```
H S E C O S Y S T E M T I Q K
A C O N S E R V A T I O N T S
B O T Z S E W P R I C K L Y W
I O G N Q C T N E I L I S E R
T O E U E N Q F E G A I L O F
A D N B S E I C E P S U V S N
T G I O F C I P H D S J W C O
P H O T O S Y N T H E S I S I
F V D A J E T A M I L C L A T
Q O V N Y R J N Z R W O D E A
H D Q Y J O L F A A X V L R T
G R A S S L A N D T N S I I P
U M Y E B F I S Y B I M F A A
O Y F O D N Y N I Q P V E L D
T H W C O I G N I L D E E S A
```

TO ERR IS TO ......

```
Y B M H O N E K A T S I M Q Y
F K I J S T U M B L E Y M J B
M I S S T E P R D N U T L X O
D G C B V P H E K Y X X F Z O
V S U S F A B P W Z O R X N B
F H E N C A X K P U P I L S O
A C L Z C R T H G I S R E V O
U T Q L Q I E F O I B L E L X
L I E G H N C W M F F P C F G
T L P X A S A F U H A A S U A
G G Z Y J V E S I P U Y L M F
U F L A W O O W A S X Z I B F
L N O I S S I M O F P G P L E
W R E D N U L B Z H A R N E I
B U O I E S P A L R S J G M M
```

OF DREAMS AND FEARS

```
Z I Y T N I A T R E C N U G P
I P O S S I B I L I T Y T M A
U N Z G N I G N O L H F N G R
R Z S M F X Y H O D P H Y O A
O I N E Y R N S T J U D R P N
R C M O C V I O A M X Y R T O
R A D A I U G G H T A Y O I I
E I B S G T R V H K N R W M A
T B J A I A I W T T A E I E
X O T T X T N D T C H S F S X
N H A A Y H R A I Y E L Q M D
W P O U H S I W T P O C C R R
Y R E V E R I E O I E S J N E
D I O G N X P H I P O R K D A
A S P I R A T I O N D N T G D
```

VICTORIAN ERA

```
P K L W A I T E N N O B E O G
W I V F O P A R A S O L V L T
X I I A R R Q S M A N S I O N
T N C G I O K Q S H L S S Y Q
H D T P L J C H F Q R X S C C
G U O H O T U K O O I E E A R
I S R N J C R B L U G X R R I
L T I A D F K R I A S I G C N
S R A M A H A E I L F E O O O
A I N E N P T R T A E V R T L
G A E L D M R A X W T E P S I
V L S T Y A C F H Q A R H I N
L F Q N C W V X F P N T U R E
A A U E R I P M E I O M C A N
P K E G M M O R A L I T Y H Z
```

WASTEWEIR

```
W I S E G A N I A R D M S H J
U S K L M T E R Y C P H G K B
I P X O A C C O B A R R I E R
A S Q C E U O T M J R A T R R
H K U K R D N A E X P B N R H
S Y V B T E T L M Q W W E O M
D A D O S U R U A A O S U V R
K I W R V Q O G T L E L L E S
T R V S A A L E F R O E F R P
L M L E G U R R V L E V F F I
R S E Y R W L O F T X E E L L
N I Z R A S I I A M C E C O L
G J W Y H R I G C M T X Z W W
P H L X O F L O O D G A T E A
L E N N A H C X N M A D E R Y
```

SHAMANISM

```
Q E U O T D N E C S N A R T U
A N F M T W F N S P I R I T S
W E J Y H W J D A A U D A X A
R R O V R W X J J N N V U E Q
I G A C S M E D I C I N E F D
T Y Z H D C Y A J E E S M W C
U P E A L E G D C S U W E B M
A E V N R X T N X T U G T H O
L R N T O O A A S O Z Y O V D
S U V I W R U A D R T P T F S
T T I N T R C O D S H M B F I
H A S G A R G N I L A E H A W
D N I X E W G N I M M U R D S
H F O D N O I T A T I D E M B
W A N I M A L S H A M A N O L
```

FEAR NOT

```
A I X S D I P E R T N I D P H
D D E T R V A L I A N T L H P
A K V T S L V T Z G L U J E A
R L R E G S R V P Q C O N R G
I Z E S N A E I Z K T Y O O U
N Z N Y W T Z L Y I A B T I N
G D Z L P C U E R K R P R C A
Q X A F T W U R Y A D R A K F
S T Y U Q J A R E U E O E T R
S T E G N E L L A H C L O B N A I
C O U S R T O K D L O B N A I
J P J G Q T L S P U N K O L D
Y R E V A R B E O P E Q I L O
E E G A R U O C S F A B L A P
X Y T I C A N E T S R K C G R
```

WONGA-WONGA

```
R E T A E Y E N O H R Z V W R
T M C P L R E A C A N A R Y S
C E P T S W I X R O S E L L A
W E E R C R P I G E O N X Z N
A U E K D Y G Q E V O D E X D
G L S P I D A F O V T I M J P
R P B K E R M D X F A R H C I
A T W A H I O H Q Q K N R S P
J E N H T B E L V O C K G Q E
T R O A R U B A K O O K C R A
H G C U O E O G M C C U H U W
G E L N N W P S K W X H C R H
I R A V K O O P S W R E N L X
N C F E U B S A U C Z T I E D
T C R E H S I F G N I K F W E
```

SERIOUSLY, HUMOR

```
A Q Q N Y C K X V H L L E X D
K B X N S R H P C A J A C X R
B N O L U T W U I G V U R U R
L R S Y O P D V C M C G A G G
I K A Q I G O P S K O H F C Z
P J T O R J Q U J F L T M A K
J Y I E A G S N B T Y E H R Q
E D R V L I I R D H D R D I Q
S O E J I G L V G I E Y D C W
T R R Y H G L S N F M N C A I
E A J Y J L I M I N O N Q T T
R P D L Q E N D S G C U Q U T
B A N T E R E R U B A F G R Y
Q K P L A E S Y M F K G D E U
U Q G V X P S E A X A V R P W
```

POSITIVE DISCRIMINATION

```
P M T N E S E R P E R S T E Y
X K P Z Q Q E Y E U B U I C T
N L V C H Q U Y H N X P R N I
O S A A M K I A X P S P E A S
I S H I F Y U C L T N O M T R
T E Q F T F P J I I L R P S E
O R G I A N I F U X T T O I V
M G Y E J I E R U S G Y W S I
O O T J L N R R M P T G E S D
R R I V E I Q N E A L I R A O
P P U B E E V W E F T I C N K
C H Q U Z B A I V S E I F E T
G R E Z B U I Y R J S R V T M
Y T I N U T R O P P O Y P E A
O N P L E H I N C L U S I O N
```

SPICE UP YOUR COOKING

```
C B U G T C K P G A H V V V C
S G M M M I C L E K R O K F G
E A F E N N E L M I E T U Z R
G A G N W N U R T R P N V H M
A G G E I A M R U P P C B O N
R D I L L M O Z N A E U R O C
L C N E E O M Y O P P F G F Z
I A G M Y N A U Q I F A U A X
C Y E Y J P D D D A R Y A J K
M E R H S L R F S R K T N B B
B N X T N A A J A J A I S J B
A N J K T S C T U R M E R I C
S E M S Q T V N O U B B V R M
I B U S N K Y U C Z H H F R C
L M U S E V O L C E Z D G F K
```

IT STARTS WITH U

```
H U E W H Y M A I P O T U O Y
J Z G K N M T Q G L K K G U T
P F M U R M L I F Z R Z Y R I
N P Q N O F D I S A R Q F O L
Y B V I C Y G W I R L R I L I
L J W Q I T A N U G E J N O B
L C R U N I E A B U F V U G A
A B J E U L O K I C J R I Y S
U W O R B I N U Q W I E M N U
S D K C A T L S U X E S I N U
U U O S E U N U I Y F U F P Q
E H D L X X J R T J D X U M N
S U R E T U N Y O O E N Q S Z
W C C K M K Z N U N I F O R M
W F N O S I N U S T N O I N U
```

IT ENDS WITH US

```
T F M N U M P L U S R Y Q G T
F I S U I D A R U C S D S S S
S U N M U L A O A U P D U U U
V Z Z G N Q L C O W R B O O O
I H U K G E T I Y S S Y I V N
R X Q T V U G T S U O M X R I
T U D R S A F J C U I E N E M
U M A I T A P A H R I W A N U
O M C N N G B U A R C N D U L
U K O I D A M C X R J F E L Z
S C M X B O U C I R C U S G S
M U I Q R L I B G B O N U S U
S F X O O S O S U P O T C O C
B Y U U A M O R P H O U S U O
M S S R B T S Q Z H L K W Q F
```

THE CITY THAT NEVER SLEEPS

```
Y E C N A N I F E Z I T T L E
C U D C E Q L M O Y L E W I Z
A H X I P N P F A X R Q S B K
G G J B V I W W A C I G E B
E R D N R E B L U D L M M R K
L A E E E U R Q H O L L A T R
P N J L S W S S P G L D N Y A
P D Y J S S Y O I B I M H S P
A C H A E Y R O R T S H A K L
G E N M W T R O R N Y E T Y A
I N I O E D O H E K U C T R A
B T K M S K A E C T C R A I T
C R A P L D U O A J H I N N N
N A V Y W Q U T R M G P T E E
W L N J M U S H W B I U U Y C
```

FAST AND CURIOUS

```
C V W C T S R E T I A W X R C
I O D H Y S B W N O T R E P A
Z D N L D E I D N N L T R A C
Z S L T C E Z C B O H I I R Y
A M T I E F T R I G V R P A B
R D L A E N O E I L C Q R M E
A O C H Y T T F C O B E S E R
P M C D C J E C N T D U U D A
A K Z O U R T T R O I A P I N
P B D H I N R F C E H V V C A
A R W F E O A A M G A I E G L
E G J G L R E K O R B T T G Y
Z A A L T S I L A N R U O J S
T M E J M E N E D I T O R R T
W R E V E N T P L A N N E R M
```

POLYUNSATURATED

```
A P W H E A T G E R M B O T C
L L U U S Q S Q P C N D N A V
M I J M Q D P A H E A L N R L
O O J Y P D E I R C C T J I S
N N F S U K A E O D A A O F T
D R F D Q S I V S L I R N L U
S O J E E O A N O E E N Z A N
V C A E P Y M U S W M T E X L
U O D S D B P A O E U A F S A
R S Q P X E T L C N E B S E W
D T K M S A F G A K B D L N
H A Z E L N U T S X E F S D S
J Z E H U O O S W J O R K C H
S D V S L I S A L M O N E P H
S J T U P L H E R R I N G L Y
```

RED, BLUE AND WHITE IN FLAG

```
U P J S L O V A K I A S C K A
N C D Q H N E C N A R F S D E
I A Q N W M E S Z I J U N B R
T W I K A Z M W C H F A R A O
E G C B M L P B Z C L Y U M K
D R A V R X I J Q E J I S A H
K U M I S E X A C Z A L S N T
I O B O S L S I H C C L I A R
N B O H Q Y N V I T X Q A P O
G M D S D N A L R E H T E N N
D E I A H L Q L Q A U Y X F D
O X A Q L Z W H A J U A N D U
M U J F A B U C X M B U N V A
M L Y A W R O N C R O A T I A
A I L A R T S U A C H I L E M
```

MATHEMATICAL EXPRESSIONS

```
L P G S C I T S I T A T S G B
D L A X I S L A R G E T N I O
E O R S U L U C L A C G E I V
Q N B F U N C T I O N V Y A N
G O N B M A T R I X I M L L C
E I L P E R I M E T E R U O L
O T V A H Y Y W A W A A A E V N
M A H U I U Z V E L S F E E O
E U T P G M I V G Y F A L N I
T Q C C U R O E S I W K B I T
R E M S E M B N C U G U A S C
Y F J D K R B I Y D I T I O A
J B E G A R E V A L O D R C R
T A N G E N T A P C O T A B F
B F A C T O R V T H V P V R I
```

LIVING IN THE 80S-90S

```
Y E L L O W P A G E S U X B U
M E N A M K L A W O Y O Y D S
F E I E P T S R E G A P I D S
I B W V B O O M B O X A R C Y
S U B O Y B A N D S L A A Q O
Q C L A G E S M S U C S R M T
A S P V H S T A P E S I I T H
E K S N M S V I N E W R U V S
R I P Q M N N O T J H T H N U
O B F L M T H T S R X E K H L
B U R L I E D P B F H T J G P
I R R R E S T B A R C A D E E
C G N L D R A O B E T A K S P
S E E X C G P J Y H I P H O P
T T W H V H C S G A B N A E B
```

PUNDIT

```
M P O S T N A I R O T S I H J
F H P T R W A U T H O R I T Y
Y I R R E R E W E I V E R D R
Q L O A P R W I S E R A O D J
T O F T X D C K L K K N N K U
S S E E G O P G Y G A H P D
I O S G T U M S C H O L A R G
L P S I G K M N O Q G Y M O E
A H O S F U E M D E V S X I X
I E R T Y X N J O Z F T K C A
C R X L A U T C E L L E T N I
E Y F J A R A L R E K N I H T
P G G U R U T Q E G A S F A D
S K E O G V O F R O T N E M M
U N R E T I R W P C R I T I C
```

LIMERENCE

```
S X O N O I T C E F F A S Q W
S O T A E J F Q N E H S B S A
E Y E A R N I N G Z E F W M R
N N H S U D C B J N P E O M I
R O S J T Q Z H S G E U I N F
E I U M P A K U A T R L F A M
D T R W A I O F H N O A N S A
N C C Z R R O E P N T C J R X
E U N W O N A A G U Y M D C Y
T D O M D R S I A J H O E N G
V E A N T S N T L B R N B N N
C S E P I G I R O M A N C E T
A S Z O C O N O I T O V E D M
S H N C N U K W M E V O L K B
Y L L E N A M O R E D I J K Q
```

MASS PRODUCED

```
S E L B A S O P S I D S D C X
Z E J S C L M M G V E S M O X
S P L C E M O A M L G C O M P
E G G C J I D N I H S I B P G
N L N K I G R B K F T T I U P
I A Z I E H O E S R E S L T A
C S Z T H M E H T L L A E E C
I S S P O T O V I T B L P R K
D E V T D E O W F W A P H S A
E S U U S F W L E J T B O I G
M A S Y O T U R C A G D N K I
S D R A C T I D E R C J E N N
B W Y P R O C E S S O R S Q G
E J A N S E N O H P T R A M S
S K O O B W F U R N I T U R E
```

BEHIND BARBED WIRE

```
O I N C A R C E R A T I O N X
Y K H D S D F R E B Z L P V A
P I X S N E U H O S I W I R E
Y D M V E A C U I S P L L X N
C G V P D G N L O J A I L U T
O D O S R D R L U D Y O P T R
N W B V A I A E E S J U I N A
F A O R W T S T G C I S X I P
I L Y H I Y E O F A N O L A M
N L A O E N V U N D T E N R E
E S N A T F S C A M P I F T N
M N O I T C I R T S E R O S T
E P O Y T I R U C E S N K N E
N N A C P J B A R B E D T O A
T I N T E R N M E N T L G C D
```

EAT AN APPLE

```
V R I P A U L A R E D J O R E
W H D G Y U D N A L T R O C L
J H P I N K L A D Y R M K F R
E B H D L O G A N O J E F C E
L G R A N N Y S M I T H U Z B
P L F A D A M S Q P H M J R A
P R E A E L W V K S V B I C Z
A E S P L B M A C I N T O S H
B V O W Y A U Y O R G O E X O
A I R I D L G R R C S X M G D
R R L N A L X S N Y O N P D R
C F E E L Q U D O E I T I U H
A L M S N A H T A N O J R B A
K O H A M C F H L O F F E Q B
C W U P O E M A C H B N J F M
```

BETWEEN HEART AND NAVEL

```
G M T M U N E D O U D M A N L
Z Y R E T N E S E M U O B G R
D E A S R P D N T N B S A S R
L N N U V U R I U W P I O U P
F I S G C X X J A L K B R R W
P T V A O X E P E P X E T O R
O S E H L J A E A I H X A L E
M E R P O K N T D N G R V Y V
E T S O N V C N I T C Q A P I
N N E S B U E N K M S R G G L
T I C E D P K I D N E Y E A M
U N O E P L A N E R D A P A T
M O L A N U H O V Y J T P G S
P I O N R E D D A L B L L A G
B L N N K H C A M O T S E B P
```

A HERMIT'S HEAVEN

```
E X N B S N N O I T A L O S I
L Y D G A C A L M E N O L A F
G E S A N S O D I Q O C S B Y
L U S A C E D U T I L O S T V
P C O N T E N T M E N T I A N
P S X R U S G G Y K V N T E I
C D Y U A S C U U H E T T R B
D N K C R I A E F R N B F T A
E B E X Y L D Q E E X E K E C
C P F V B B U S D F R T S R T
A Z T R A N Q U I L I T Y W F
E W S A P H J T E I U Q N K H
P E R U T A N O A Z A U W M J
G W Q V H A R M O N Y E E G G
D W E L L I N G J E D O B A F
```

GREEN GOODNESS

```
Q T H C D N P U K I N O F H P
E U S W R D E E V I D N E N S
J R P E A E A S F M Z L F W E
S N I E D T S A P U W W M A S
N I N S N J E S Y S S Q S M C
L P A B C H A R D T B P C N A
E G C O D Y J S C A A R M Y R
T R H K A L U G U A W R R O
E H C C A Q C A D E L X E L
U E V H X Z R G S G H S E L E
C N E O E I U K D R G M S E I
E S R Y G S W F O E Q T Z C K
S T U O R P S S L E S S U R B
X D R A L L O C P N J E L A K
O B R O C C O L I S G Z R U P
```

GOOD FOR NOTHING

```
F I N A T T E N T I V E C T E
L R I A S J J W Y W Y A N H Q
I S Y N Z U R A S H R Z E O B
P G U Y C R O J P E S L Y U I
P H Z O N O D U L E B T P G N
A R A C L T N E T I A F P H D
N E H P G O S S S E O V O T I
T C E L H S V N I O P G L L S
E K A A H A O I L D B M S E C
S L D X E P Z I R E E M I S R
I E Y M S B S A B F H R L S E
W S C E N H Y X R F A V A S E
N S R C G S S E L D E E H T T
U R N I M P R A C T I C A L E
I T N E G I L G E N A F J Y P
```

STRINGED MUSICAL INSTRUMENT

```
A I B V M U B O D B G V O Z Y
P V O R A C P W O R E H T I Z
F I J G N E R Q U O B Z O Q X
P O N V D T I E B S C U K W P
X L A R O U N P L C U V M Q J
H A B M L L T H E O R B O Q E
V I O L I N X U B Z H H D H L
X J M J N M W B A E N D G U E
R R E B A B O T S X M E P J L
E T U L H C R A S E V O D K U
R L T P R A H L E K C I N C K
A T W U S O W Q J R A T I S U
R Z H R A T I U G X D U O E U
O P P R A H L S H A M I S E N
K A A I E J C E L L O F C B O
```

MEAT-EATING PLANT

```
R M M U L L Y H O S O R D B T
A U U A R W E D N U S Z A A R
V I T L S S J S R O I F L R O
E A N R L E U P K O L J U O W
N I D E I V H T Q U S H D H R
U N I B C C H T O D R E I P E
S O O W Z A U P N L Y V R M T
F T N D Y K R L O E A K O A T
L G A L K F J R A Y P H R I U
Y N E S R Y A T A R H E P L B
T I A I V F T A R S I P N E E
R L A L D R O V A N D A I H C
A R P B B R O C C I N I A R Q
P A E Y C G E N L I S E A Y T
B D P B A L U C I U G N I P A
```

LIKE FATHER LIKE SON

```
S S P P Z Y O T Y U V S T M R
A I R O R R I M P O F K R L Y
N M D S T R B B C F S A A U L
C I E Z F B R L E F S E I D I
E L G K Z I O D N S L M T E M
S A A E N N G E P P P U L C A
T R T G E O A S A R A L I N F
O L I X D I C C R I T A Z A K
R N N T W E A N E T L L J
G D E Z O C B N L G R I E B A
K T H S B E E D L U N O G M Z
T I R E H N I A E A A N A E A
S I T F B N R N L M L A C S N
X B J P J O T T D S P K Y E D
D N O I T C E F F A A F W R Y
```

COMPLETE NO-NO

```
S H E M E U O G H D N S A G E
I I J L B L N U E Y T F K Y L
S R N A B O B D T I E F S P B
E N N A R A I A M L A G R P A
H E X W P O S I T B A O O I T
T D L D V P L U O I H W N B P
I D G A E F R M C I U F E B E
T I J L F T I O B X R S I D C
N B L O A N C I P I E O N C C
A R Z W A G T I N R O N S U A
D O U T X E E G R B I O I F N
D F I H D S E L A T U A H S U
D O F P J A Y T L P S X T Q T
N U N L A W F U L I L E L E H
K E L B A S I V D A N I R E H
```

YOU ROCK!

```
I R A I C C E R B Z Z E P Q S
X R B E L B R A M J K J L K E
A Q R H Y O L I T E V I U L R
P B V H O M O U B E M K H A P
U A V M W F E B S E P P I H E
M S O W P P X U S T S W J C N
I A L D Y Z V T Y I W H R M T
C L C N R I O R V C D V A H I
E T A J A N D U I Q R I T L N
A A N N E S S C H I S T A C E
L K I A S Z B E Q X M C S N C
T T C I E N O T S D N A S M X
E S E E T A L S H E T A G A V
V N H F F U T S E T I N A R G
G E U E T I Z T R A U Q K U Z
```

THE END OF TIMES

```
G G E S N O D D E G A M R A N
L I O M R U T D E C A Y Q E O
P N O I T C U R T S E D S C I
R A Z B K M O O D Y I P M O T
A N N E X E F J G X L D V A N
W O M D H S M Y E L L Y Y A N
K I K A E P X A A R H L S H I
Y T S X Y M O C G Q X O T W M
Y C W J U H O R M D B H O N R
P N C G R P E N T B N D P X E
R I U W A Y Y M I S S E I F T
Y T I M A L A C X U A O A L M
T X F S I S I R C Q M T A B C
I E I B R E A K D O W N A H D
V T E S P A L L O C Y S U C C
```

MAKING SOAP

```
J W P O L Y S O R B A T E J S
G D I M E T H I C O N E Z U H
E T A R A E T S M U I D O S E
N F F R A G R A N C E P W T A
K I D I C A C I T M L A P B B
B R R Q L T T F O G C T A G U
E E Q E W A L G Q H C O L R T
N M G Y C A U E T A B K O E T
T O D L J Y N R L C B U E T E
O B T T J L M I A R O V I R K
N R U P M Y U G Q C P F E N K
I A J A E I A U I I A S R O J
T C T I D G A A T M T C A L Z
E I N O D I C A C I R T I C W
V A S L I O E V I L O R U D Z
```

GETTING AS WET AS POSSIBLE

```
S N O R K E L I N G G L G J W
C W W Q T K G N I M M I W S U
Q U I A M V Y K A Y A K I N G
P K V N T S K I M B O A R D W
G A I J D E C G N I T F A R A
N Q R T G S R Y W F C T Q H K
I U G A E N U P J X L R Y T E
F A N G S S I R O B V D V I B
R F I G N A U T F L R M E G O
U I I N Y I R A O O Z S G A
S T K I T F E L F O V V C N R
E Q S T D I U O I J L R U I D
U Y T A O D I V N N I F B W X
E I E O Z L Y R Y A G Z A O L
B V J B G N I V I D C M A R S
```

ALL TALK

```
C Y B Y P O D C A S T E R J J
A U O C K V N T F Z N E O C J
S I S D I P L O M A T U B X B
A N C T R H J G I N R R R D N
L T O T O I P D E N Q E E R A
E E U W C M E S A W Y R C E I
S R N O L M E L C W P U N H C
R P S O O R I R A X J T U C I
E R E C P S W L S T E C O A T
P E L O T W D L C E Q E N E I
P T O N A R R A T O R L N T L
O E R E M C E E H U A V A X O
J R T S O H O I D A R C I T P
N E W S A N C H O R S O H C B
D H R E C E P T I O N I S T E
```

MOTHER TONGUE

```
N B S Y N A K G V E A C J M X
E E N Z I X W K H S I D E W S
N S H O U R D U X E M T R U O
G E S S R F Y L E N U U U R N
L M T Z I W X S A A L R S L A
I A V P V N E H K P U K S J I
S N A Z O N A G P A Z I I Z L
H T O X I R A P I J J S A N A
Y E K H R C T O S A M H N M T
X I C U A B D U G I N A K R I
S V M J U T S I G E D S L Y K
O U N A R A B I C U R N A A R
Q L H B N I N Y B G E M I H Y
T A X K O R E A N C T S A H Z
H C N E R F H C T U D C E N A
```

HEARTLESS CREATURES

```
E G N O P S A E S A M O E B A
S E H B S L P J O L R X K E J
I N T R E V V A I R E T C A B
F O A I D A R D Y H B N D K P
L M O N O R W D Z T M S O J T
A E Z E T G C Z N A U N H F T
T N O S A S E A U R C H I N I
W A T H M O Y B Z D U F M L P
O B O R E P Z C Z I C J R V L
R O R I N J W O C G A K O L A
M R P M K Q D H C R E Z W L X
C I B P C O R A L A S G E E K
H S I F Y L L E J D L I P E T
J R E F I T O R Y E J P A C O
X F N S T A R F I S H H T H N
```

THE CULT OF WOOD

```
B I A M T Q C H E R R Y C H U
F Y X O Y J W C I I F L V M A
T E R M N S W R C Y P R E S S
S N E V A N H I K T Y C M W O
P I O T G D N B A U D W A Q H
D P K S O X E B O N Y T P R S
D H F G H O L L Y L O Z L D A
O N P U A I C P H A B B E O X
N D K Q M N M L E W I Q Q O Y
R Z E B R A W O O D S M T W I
R E D L A T K Q D T H Q E E N
U S J A J C W I Q M R C A S H
S K S Y C A M O R E O G K O V
H Z X G P R I M H I C K O R Y
R D W O L L I W X T R A D E C
```

PUSHING THE LIMITS

```
X Q N O I T I B M A J G L M R
H L K T H R E S H O L D M I F
E S I P C H A L L E N G E N E
H C Y M E D W R C X P A N N A
Y S N T I R V Z B R E K O O R
A T U E I T S P M Q R L I V L
L S I P I C L I E W S A S A E
B R P S O L A E S Y E F I T S
Y O C I N I I N S T V R V I S
G O U I R E X S E S E Y O Y N
T N D N O A T V E T R N J N E
I U I R D T T N Z R A T C G S
R A S R I A Q I I R N I D E S
G J C S A V R O O O C E B Z O
C C A E F D E Y J N E R C L W
```

VARIOLOID

```
T G O H K A E R B T U O K P J
O C A Q A M G O H F Z R G D Y
N O E P I D E M I C A P M A I
E N E D Q H R G E M R N I R N
G T N N S X E M K E O A N E F
O A X A I H R C V I O G O T E
H G R F M T O E T Y X E C S C
T I E R Y P N A W N F N U I T
A O V Z D T C A O D P T L L I
P N E Q I F I R U C X B X O N
Q N F O D Z S W R A H W T V N
M P N A L E I E J V U Q I I S
X R K R D L Q N H A H G Q O R C
M E S Y M P T O M S C F N U A
J I S M A L L P O X E Y L S B
```

PLAIN JANE

```
V W O G G C I R E N E G D L M
S P C R E M U R D M U H A Q E
E Y A A D E C E N T A C V L N
G E C S J I B C T M I Q B C T
A R O E S I N R F P X A M X X
R C N N O A N A Y X K F A E J
E O V A K R B T R R E D L J S
V I E D A I W L A Y E B Y E T
A D N N Y A Q M E Q A D A C A
L E T U V F E T U T A Y T D O N
A M I M P R X A P B A E Y M D
M M O H N R T E T Z H O R M A
R I N U H E C O W F V X E O R
O M A N W C N F E C C I V N D
N R L P A D X M J Y G V E E Y
```

COWBOY CULTURE

```
X L H O O S O C N O R B O P Y
J C F C J H L L O Z V S E O S
S G O Y N A S O O W P E B T D
R N N R R A I N I U P W O G E
J Q I R G R E R Y O O H Z L
B Y A E S A Q S T C B R K R T
A T P L R U L T G H E X Z E T
N G S D O S S A L L E W M K A
D H C D F O C R G C A F U O C
A N W A C H R N M L R B S X L
N R A S H A A T D L Y T A K
A A K H B R A U K I K O A S I
Y N A Z W V O P G C N D N Y W
Y C W I D O E R S P U E G R N
F S L F Q F C K I K B B G T Z
```

BUILDING A HOUSE

```
M I N O I T A D N U O F Q W D
N C N Q T Z V R E E N I G N E
O E X S N I I L B Z M D N A G
I R D B P T M R W A L O F A H
T U L U J E I R S Y I T P G V
A T O I F C C O E T L N T N X
V C F L K T N T C P E I C I P
A U F D R R Y U I S R R E Y L
C R A I Y U R G R O G P T E U
X T C N A T N O J N N E I V M
E S S G S I O Q I J T U H R B
Z A O N R F J M P A X L C U I
P Y O I I V A L I I T B R S N
O C W N O R D E S I G N A X G
Z V G D F C A R P E N T R Y L
```

SCENT-SATIONAL AROMAS

```
O O Z E C I P S E E N I P K A
S D O O W R A D E C D U J S S
U B J R O U V X A M B E R U I
R A E R J N O M A N N I C M U
T M N Z E C X U E D C U E R O
I N I A N D H U O S T T N X Q
C S M M N T N O M N R O S E I
R L S S W O W E I O R A N G E
E P A Z E L M M V Z P F P G Q
G P J R A C R E Z A V T U U J
N F R D O E N H L G L J Q U R
I O N Q P L I F R U I T Y G R
G A O P R F F I V E R B E N A
S X E U G E M T U N E W R K X
G P U A L L I N A V D Q Y W M
```

VERTICALLY CHALLENGED

```
Y F S Q V M I N I K W M Y S D
E M D C O M P A C T D I V E P
Y T N V G E P F V B P N Z T E
E I Q K E J V K I I T I H I T
M L N D W R K Z N X S S Z N I
I T T O I Z U T R T F C T V T
J R P T F M S T E O I U E V E
P O U P I I I K A E L L E V J
C H N Z Z L C N K I U E N Y S
S S Y E D O D C U V N H Y B H
Q E D V P G K F S I Q B O
D E Z I S R E D N U I A M U R
X E W R L F R A W D Q V B T T
H Q E X C G L L A M S I E S Y
R J E B I K Z Y W A E L F I N
```

FRENZIED KITCHEN

```
C I N A M F T G N G G N Q M F
R O Z C N H N S N M S O X A Y
Y M V M J I R I C E O R L N O
C S M P K M D X M I F D N L O
E X W O E N D A L A E E K N I
G U O I A A L H S U R R O G S
N C D M F F K T M F E S E R N
I M E U I T P H U S T L E N E
G D V D Q A I N O G M N J B T
N M X Q C N O I P U P A N I C
A P Q E T X P Y B B R J S Y M
L A D E P S T R E S S F U L E
C O N G B U S Y D E D W O R C
A S P R E P C I T O A H C N Y
E S X M E E X C I T E M E N T
```

WHICH SANDWICH?

```
A C C H E E S E S T E A K Z B
Y O B O P P M I R H S P D U Z
Q V E G E T A R I A N Y S E Y
A B U L C Y E K R U T N C S E
P T G G C L U B S J A U S E M
L P I Y M D J M A I U F B E F
I H E P R A E H L T W I A H E
N C O N L O P A A Y Z T Y C E
F E U T I E T M M H B S V D B
R T B B D I F O I A P C T E T
O M M U A O F A L H C Y L L S
D R P E E N G L L Y A V B L A
L P N L C R S T E A K C E I O
A T T E L U F F U M F P R R R
W A H T B Z K O Y O B O P G C
```

SUMMER AT THE LAKE

```
M K T B B Z L E W O T G R C G
M I W S G W O R M S G R E H L
L C Z A X F Q J E C N Q L C P
H G P A D D L E B D I D A K J
C A M P F I R E R O H Z X A W
C S P F C M B A Z C S V A Y A
S O K S O D U R Z K I W T A T
H H O O E G B E R G F Z I K E
E D S L E I H N L L G X O F R
W E R F E T T L L I M D N I W
N M I J A R B A W N V W V F T
G L Z B G S C G O G G L E S A
Y I N T U R Q X F L O W G W O
W U C I N C I P U C F V K H L
S N F W I L D L I F E K E E F
```

ARE YOU NUTS?

```
D D P U G S T M S X O O I D U
F E B K T Z H A A I O V X C N
V Z N R N U L A H R V D A W G
N A F A A T N C N Z C R R T T
W L E B E Z A L I D A O D U F
E G Q D U T I B E M O V N N R
H H I Z S A P L E Z M N V A I
S Q L I L E M L N T A I G E E
A U P M C H I B O U E H X P D
C P O A P Z T F K W T B D E H
M N N Q E A I M A D A C A M D
D E F D G B U D E L L E H S X
T U N T S E H C R O A S T E D
C Z L P D E T S A O T D O D K
W A L N U T S B I F P Z R U W
```

FIGHT AND FLIGHT

```
M E J H C G R E L T T A B G T
A T H S U R V I V E S U W C C
S C C K C A T T A D G L T T I
X R L E G X I V A Q B W C A L
P U O F T O Q U D E Y E E E F
P Y B K W O K F R S W V E R N
K E G D O D R G E E N A S T O
Y T H G I L F P N J O S C E C
D C O U N T E R A I I I A R R
S T R U G G L E L R T O P A J
C O M B A T O A I O C N E F H
P U D E F E N D N M A F H L I
J E P X W L T T E E E W F E B
C T B V K S W K I P R C I E M
S P A N I C X E L F E R J F S
```

MILITARY MATTERS

```
Q E S T Z S I N S I G N I A E
N C E Y T N E M I G E R D G A
T N N N U V K Z F O R T A R A
W A I C O P E T N W T L M Q D
B S R Y U R F T T J F O B F W
A S A O N V D V E U R A W O X
T I M L I S Z A O R R A B P Y
T A O P F G H M U R A Y B N R
A N O E O L A T A Q R N O G E
L N M D R C S C C T S O O P L
I O K F M I K M N H T A M S L
O C O B L S T A E A I Y M N I
N E H N Y N F I L D N N A U T
R R E G M N U P M F I B S Y R
D A Z V I M V O F F I C E R A
```

STUCK IN TRAFFIC

```
Y B R O D E P P O T S M E Y R
L N U M B A C N O I S S O U W
A O B M C S M H R L S B S D D
N I H T P N T U D A R H I I E
E T O O U E O R P E H L N Q M
P S T E N T R M U O L O Z L M
N E N H E K I T U C I A D R A
W E D R G I R O T T B Y A J
D O I Q R C Z R G D U Q O S A
W C C S T H T L O N G M E N X
O M C J W S B A C K U P P P T
L X A A U P A T I E N C E E J
S G I R R E R O U T E O B X R
L J F M K C O L D I R G Z U D
```

CHILDHOOD MEMORIES

```
X S O A I G L A T S O N V U F
S F S R B M H D Q I M P X A N
Y W Z C A R E F R E E L N S W
O U Y J W Q L F H M Z T T A O
T S E E Y S Y T E H A O S C N
M S M A M D U Y H S R Q A M D
A I A T D O N O Y Y Y N R A E
G L G L Y V Y U T T D J E E R
I B T L W A E I O Y W T T R S
C C J A V S M N Z R R K H D H
L L E B C I B I J H T E G F G Y W
H A S D N E I R F U Y Y U A S
D I N N O C E N C E R D A D Q
P N A F L Y S V V Y O J E L L Y
N I M A G I N A T I O N R U P
```

THE ARTS OF SELF-DEFENSE

```
J I U J I T S U W I H C I A T
G Y M Z M U A Y T H A I L A K
U F G N U K Y S G J U D O C A
G S A D Y E H V N Y C E S G M
A N G C A P O E I R A T T O D
A E I L X J W S L G T A L I S
I S Y X G B I I T X Y R W E W
K K V E O B U A S T T A G I P
I R X F T B E L E H L K N K X
D I U M A K K R R X U G Y Q A
O M G C W Q A C W O C R U U M
M A N O C E G I H O S I S M
N I N J U T S U U K H Y T T R
X D V L Y M J N U J W M T D E
O E G O B M A S O D I K P A H
```

TALES OF ALHAMBRA

```
N E C A L A P W C P M L R S R
O D E U R N A R R A T I V E S
I H E R Y N S R J S N Z V L E
T Y I R D H A E O B M S X B R
I Z D E U I S N Y D N A Z A T
D R R J V T G D R N K E F Q
A E C U I E C R N A E E Y R N
R B U C R C F E A A L T L H D
T L L A S N B R T N P U S P N
Y T T P I A B I B I A S S Y S
B R U P A M X S O Z H D S I M
L U R K A O P F B M C C A L A
Q O E H W R Y O X U W Y R T R
K C L H C L E G E N D S J A B
N A I B A R A Y R O T S I H Z
```

RANK AND MEASUREMENT

```
C K H T N E C R E P I V W I R
F O M N Z E L J B F K K H P E
W D I O K R Y N I K I T P E M
U L C I D U F C L I N R M L A
R E Q T I S C P L O D D S I N
E I H C V A L Z I N F H R T N
T Y C A N E G L O A O T A N U
R C Z R J M L C N X N E T E T
A F H F M I E D T I K I I C E
U T V K R S E L H K S T O R N
Q T C T I D E C T N W N Q E T
J M C L A C D E C A D E K P H
E I L R I X F I E R I W E H F
E I G W I B N R E G E T N I Z
M V T L X E M M H T N E V E S
```

CHIVALRY ISN'T DEAD

```
V P C W V I R T U E S Y N P N
H Y T I N G I D X A S T O Y M
L G A R B M B P P D R I I T N
B K R W E R E K N S E L S I S
P E T A A I V S Y N I S R Z R
U E N V C N P E Q G N B A G C
P Y E E D I N E E X A O P E O
Y R R N V E O N C L M N M T U
Y C E T T O E U O T W Z O N R
G S N I N R L Y S I X H C I T
S S L E O A A E S N O J Z T E
J O U S C L L D N N E D R T S
P T I T T E O L O C G S D L Y
I T K Y I M D R A V E D S X A
Y Y T I R A H C W G I D P N J
```

WOODCARVING

```
R H T T P A T I N A B G T P E
F U P G D L I U G W L S E L A
D E D N A S L H H H E N L E I
M A H O G A N Y O I J J L S K
Q S C N I A R G Y T O O A I L
U R H E R J N F M T Q R M H I
E U P A S I E U F L B H K C A
H K L A V I W O W I F F Y C T
T Q F R L I G H C N Z P L Q E
A K A E Q T N K O G Q R K G D
L C R E R M U G E R U T X E T
F R E K J B X C S B Y V X W S
U N I U F E R U T P L U C S C
P Q F N G N I N R U T H G X C
C R A F T S M A N Z I N L A Y
```

WHICH WAY IS IT?

```
G S O U T H W E S T S W F F U
O M X K F C P T F E L I S C B
H E S I W K C O L C F P I A B
T D R A W R O F S X I N N C O
U K H G Q H J O T D W T N Q T
O E T B A C K S P A I M O M O
S K R H N T A F R C R E R L U
D A O L V E Y D L I H U T F T
D A N J H Z C O G U F P H A W
O A P T Q X C H A O T B W N A
W Z U E Z K T I X D Y K E O R
N O Q T W W E S T S I Q S V D
S V S I N O R T H E A S T P W
L A S T V N N J O D N I H E B
E E H W Y D N O Y E B H D P U
```

SO THE DOUGH SHALL RISE

```
E K G W R G R E C N E I T A P
N Q O A I U N E F G M N B Y N
I J Z O R N O I N O O W B Y E
E S B E H C D I R I L E L H V
K S V U O H F O T O N D U W A
E O I R L O G A W C C M I K E
C V W R O K V U H P I S P N L
P E U R W I F R O D A U W E G
M N P O T O E E I D N N R A I
E S K C T S L T R C L U E D U
T P A D T S Y S H M T Z F I G
M R F L Z H L D R S E E A N A
O I S B P I O P I M N N R G R
O N M D W W G O X E H T T V K
R G U P N Q M G N I P A H S C
```

ONOMATOPOEIA

```
O Z N W Q Q M I J P Z W X V Q
N F Y Z Z U B B A E B W A Y E
H X B E L G N I J E J K J K G
I H E M Y Q C K F B O D R I P
S S P M O O B U Q C G N A L C
S A V X H K C O N K Q S O Q C
D R S I Z Z L E C E X L Z X D
N C Z G F P C L L T I S Q O Y
G R A N I W U G I W M K B T J
W V G V Z O L R C D T K A M Q
H I D V Z U L U K J R B M W G
R U M R U M G G X X Z U V M N
F D R S L C M U H N O C S C A
P E L T T A R P O P L D Y U B
I H X D S P L A S H R S M O S
```

HAPPY BIRTHDAY TO YOU

```
Q B R E F L E C T I V E B P T
I E L O X O D E H S I R E H C
Z U L E O D E W E N E R C O D
V C E A S A Y O Y Q S I K J E
K E V N T S M O M Q G U C O G
M L S D L E E W U L W E V V A
A E Z E E I D D A T T E L I L
T B E N C R G T N A H U Z A U
U R F O F Y S H N R F F P L F
R A W S A O P U T E Z O U V K
E T I A N M T P T E P L G L N
H E S E E R V A A Y N D C H A
R D E S O A R X N H J E M T H
E W R F J G V Y T U Z R D K T
N V O J B C O N T E N T M I Z
```

JEAN CUTS

```
G I T H G I A R T S V N H M D
P G Q A K D E X A L E R O E C
C S L I M F I T R K Y M T R A
I L Q D P N I O O F J S O C S
G D D N V Y A A U E I P S A B
A I X E R A L F A A P M D P A
R A T I S M C N W E D P E R G
E G A R E C S H D N S S S I G
T E P F K S G Q E H K G S B Y
T L E L M I I I S M I N E O F
E E R R H K R R B J N I R O I
A D E I Y F G M W G N G T T W
H I D G F I Z Z O Y G S C X N
A W P O M L O H F J L E I U B
G W B N S W Z P V J S J D T V
```

FUTURISM

```
T F N M S I N N O V A T I O N
R T R A X I Z O E A S W Q A M
A N E B I O N C I C Z H E H X
M O V O J P A G I S C Y T F H
S I D C T P O T U E R I Y N E
T T P Y S N O T T L R E O C N
E A K B P B E O S O A I M O H
C M N E O O N M G Y T R I M Q
H O I R L A O L E A D T I U I
N T L N N M A L L C U I A T G
O U A E T E T U R L N N A T Y
L A R T C O M S O E T A R M S
O U U I M I J V L U P A H N S
G L E C S R E E M V G Y F N L
Y D N S L A U T R I V M H O E
```

THE ART OF ORIGAMI

```
E I T E S A E R C T F O S N N
Y F D L O F I N B R I S B O
E H S D C T O F A A P T I B O
S X P Z L G A E Q F S T P I I
A V O A A R S E W O A E E R L
E J E X R T S A L L N G K D O
R S E I I G M G L P D Z I B D
C L A B G A U E Q E I E R A L
F P B B D O S A W D X N I S O
L A W U G S L A E H H A G E F
R L S T E O R O F P Z R A R L
P U L T F W R A T Z A C M E A
K W O W K D V F U O R H K C A E
C E R E V E R S E Q N K C A E
F B N H G R E X Z P L K Y P
```

OFFSHORE DRILLING

```
V F M Q S V F M O N Y K Y F P
J Z X R H Y A W O F D G I R E
C Z A V O R O I U G T V D W T
D W V V I F T V D E I R A G R
K Z W T T C T E S D I N N T O
O T I E U T R A E L O I N A L
Z M K D A R F R L I P D O C E
E Z O N I L O I T P A V I D U
A R K C A H N A A A Z E T L M
P E K R S G R C Y V V D C I P
R X I F M O H Z E Q P U A W U
U N F T L B A R G E F R R P K
G O Q P A E S B U S Z C T L C
Y B X U D A E H L L E W X A A
R E D L E I F L I O Q X E M J
```

NEEDLE AND THREAD

```
T S N E A Q U I L T I N G B T
N F Y O P B E A D I N G M S T
I P O A P S A C T W N G W L A
O A T N L X Q U H I C E A S I
P T G N I T T A T E A C M C L
E C P X Y M E M V E O R F O
L H N C U Z H B I W C O H E R
D W H G E C R N O K S K A L I
E O X V O O G R I S W N H T N
E R M R I N K N S H Z I N I G
N K C D I J G T C B T T U N N
H I E N O K I H S A S T A G T
X R R O M T P T U F T I N G S
Y A L Q C S E W I N G N X X B
D I M H G N I M M E H G K I Y
```

ORANGE CAT BEHAVIOR

```
S H E A D B U T T I N G X U Z
E J R S C P U R R I N G X D N
S V A I L L O U N G I N G A
S O I S N O I G K E O U U F Z
K A C T Y D B M L L E L F E Y
Q G Y I A B E C B N O E P L S
D N A K A K X P A I C Y G X U
L I J P S L L P E T N G A M N
U T O E C I L A I N U G K L B
F N D M Z O R O T N D G H M A
Y U O P V C N F S N O E S O T
A H Z I B A P Q S A O V N I H
L I N O T C U R I O U S F T I
P G L E F E I S T Y B W E E N
J D M I S C H I E V O U S Y G
```

WRITING STYLES

```
G U N I C A L V I X O D P Q X
L H C A L L I G R A P H Y M W
L M K S C R I P T E F I Z N F
V E C N I O M S L J Y R B R N
L A I P Z P P I E J A F N E N
A R C K L E N X E B I C J O M
T U U R E G U L A R L J N M O
N T L Z C F W O E A P I J A R
E X A N Z U Y C S T G L Q I F
M E R M O R N S D L O B A U C
A T R F D E I T A L I C Q T E
N D C C P C N W S E N U R N E
R H Q S A N G U L A R R Z J V
O G X L C I H T O G C M Z V J
```

A LAWYER'S WORK DESK

```
S I L A E P P A T R X Z F A D
T N E M G D U J N E U U E F E
L I W C L K F U I L T K I F S
Y D N W D B C Q A E F D R I A
C T C T E J O I L A O A B D E
O E A N E M N D P S D H S A L
E S S E D R T R M E E G U V U
C T E M A T R E O T P N B I G
N I F T G W A O C R O W P T N
E M I C A I C H G I S G O U I
D O L I I L T M T A I U E H D
I N E D D L Z O O M T D N O A
V Y O N S Y M K Z F I O A K E
E V Z I O X M A U V O O R O L
N O G R E C I T O N N B B Y P
```

PHILOSOPHICAL PARADIGMS

```
B E H A V I O R I S M G M H J
M C P S K E P T I C I S M P U
K S V U A M E L O G I C M L T
U F I J I M S Y U C Y S S A I
E M W L M A J I I C I W I T L
M R S M A S M R L T L Y X O I
S E Y I G I I S U A S Z R N T
I L C I N P T L I C E O A I A
L A I J M A O N I C Y R M S R
A T T E I S M H E H I Q G M I
R I Y D B Y T U U T I O S K A
U V L A K E W R H D S N T H N
T I A M S I L A E D I I S S I
A S N G H E D O N I S M X C S
N M A D E O N T O L O G Y E M
```

PIECE OF CAKE

```
E E F F O C T D N U B B J V W
L G K V A N I L L A S T I P D
T I U C K W X I P T O C E A A
B I Y P A N T P R I T H E B R
A F R K S K O A G O C R H L E
N C C A T I W M R H B Q R A T
G M Z I M B D I E R O E O C T
E R U G E I A E E L D D T K U
L R R T S S G D V Q O E F B
F R R O P E N U E O R H G O D
O Y P O C I N L D R W W N R N
O F N A G E V R A R B N O E U
D G K H M E Z C G T W H P S
E E X K T N E T L O M Z S T P
O U K A N D F N O F F I H C K
```

FOOTWEAR

```
L S S E R E P P I L S W S P S
O R T E U L S K V A I F E P G
A H P O H E F K L N T T N O O
F F E I O Y I P K O O A A A L
E N D F S B A L B J F B J Q C
R S W C X R E A L K S I Y L S
S W P V G P S L O I Y X R B J
H R P A I X A T K V H C A R M
Y G T C D T U Q L N I G M O N
P A K L E R A J N I A H C G Y
L E A G N O I K U N A C T U R
R P Z T B G U L Q T A N W E G
B A B O U C H E L S T P B S X
O C K J J I M V I E P I Q O A
Z O G B L A D N A S Q A R F H
```

OLD WIVES' TALES

```
L X Y G Y E I R E E L B A F M
U R O L L E P S W I S D O M Q
H T Y M A N S R I T U A L G K
Q H R P E A P M M I W V L E Z
A P Y M H O O D O O K A V M R
S C O B E P R R T A B O O P P
L N O I T I T S R E P U S R M
E H Z K R F E E B R A M O E R
G O D C A O N J I N X P A Z A
E A N X D L T A Q Y H M J N D
N Q F E I K J B R E V O R P C
D X M P T L D C C I X Z M K T
B W C X I O W Y P K M P O R M
H A L Q O R Y J E S R U C W W
I S U Q N E B Y B E L I E F Y
```

ASIAN ESSENTIALS

```
X O N P U G E Z X E K F R E R
R M S W L O W S R L Q X I C F
U S B I I A O W I M B Z C I F
D G L R M Y G M L A J I E P I
B N O E S C T N L S L K V S S
G N I A M U H U A A A F I E H
D S U R N O D I N L L U N V S
B C S O A Y N T L A A Q E I A
E R C M X M R G P I Q G G F U
C O C W V O A Z R N P J A Y C
C E W T O F U T G A D A R G E
N L I O E M A S E S S S S G L
C U R R Y L E A V E S S H T J
G E C U A S R E T S Y O U X E
D A R E G N I G I B A S A W G
```

PERFECTLY SQUARE

```
D X H S J R Z C W D T M F J T
B D A Q P E I E L I T S W L E
O O N J H P T B K C G K V D P
A C D P F A Q U G E N U O W R
R A K P A P O C I E J A L I A
D N E C H E S S B O A R D N C
K V R R N H B K B T X P A D B
O A C E I N O I H S U C P O C
O S H S K W J B S W U O W W P
B I I S B Z U A X S X V M A
D E E A J C R C T C Q A B A
R G F R N Y F L E M A R F N E
A J U D E Z Z R I B O X J I L
O Z B G T A M H T A B I R W I
B E X I F L E H S K O O B E D
```

THINGS NEVER CHANGE

```
W X C S S T E A D Y H B Z J C
Y I O W P G N I Y R A V N U H
S N N J C H I M M U T A B L E
A V S Z C I T A T S Q I W R K
M A T E E P U E U U A Q D C H
E R A U L Z E N F W B P I F Q
X I N L I A A R T J I G L I G
R A T P A L S S M K D U O X G
Q B M I T N A T S A I V S E N
Q L V E W F R T I W N M C D I
L E R V D B A E K N G E Q P R
Z H E A A I B I A T R G D N A U
D R E E L B A I L E R N P D D
Q T R E G N I G N A H C N A U
S H W B L A U T E P R E P O E
```

THE POTATO WAY

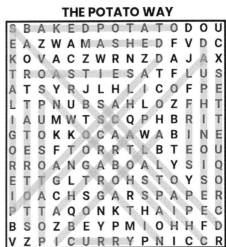

```
S B A K E D P O T A T O D O U
E A Z W A M A S H E D F V D C
K O V A C Z W R N Z D A J A X
T R O A S T I E S A T F L U S
A T S Y R J L H L I C O F P E
L T P N U B S A H L O Z F H T
I A U M W T S C Q P H B R I T
G T O K K O C A A W A B I N E
O E S F T O R R T L B T E O U
R R O A N G A B O A L Y S I Q
E T T G L T R O H S T O Y S O
I O A C H S G A R S P A P E R
P T T A Q O N K T H A P E P D
B S O Z B E Y P M I O H H F D
V Z P I C U R R Y P N I C C R
```

UNDER THE WEATHER

```
T T B D H F W S U N N Y O P H
B O C S U A D J X J G Y M U Z
V R Y N F S I R W N D B R E R
O N C O R T T L I U D R N A B
O A L W O B F S O Z I D I I L
T D O T S D Z L T C Z N B J I
C O N E T O C M A O H L T K Z
B R E E Q O O N O E R N E M Z
R E S L T N E V L V D M W I A
E L G S S N E D E A L V K S R
E L O O W R H S H W F D P T D
Z R O G C L I G H T N I N G Y
E N O A I Z O Y F A Y E C C Y
P F S H O T A G H E S X L C B
Z T K D D L D L E H Z T Z W E
```

UNIQUE ICE CREAM FLAVOR

```
G A C A R D A M O M D W C V H
I N R E O D A C O V A A M W M
N L O X M V Q I B I N F Q I C
G I S C R A D N N D I X S O H
E N E M A I S O I G H O G O A
R I M K W B M E A E C M N P R
B H A Q O M D N S A Q E Q A C
R A R A I G D R R K Y Q D N O
E T Y S I H E A W C C A I D A
A N R N O D M A O M B A O A L
D E G N N E S M Q B A G L N T
P E E E L A B L Y C H E E B B
R Y V Y B Y E R G L R A E Z B
W A B I M E S E E H C E U L B
L G G T L L S N O R F F A S R
```

SPIN & SUDS

```
Q X O R E V O M E R N I A T S
S J E B X F U K S E H T O L C
S S H R Y A A E E P G R H R P
T E Q V F B W S R L O H G E R
A T N E G R E T E D B A F Y E
I A F L E I Z H L N B M W R T
N C I S C S B C O V F P U D C
S I B Y P S N S A A T A E K T
O L P C I O M E D F B R S P A
F E O V R F G L W B R D P Z T
B D L O F T K B S D I Q I Y M
G Y C S I E D I H Z C V N A E
W A S H I N G M A C H I N E N
F R E S H E Z H E P C S J Z T
N A E L C R O F K L V Y D L B
```

TOO MUCH SCREEN TIME

```
D I S T R A C T C T E O P U A
T H A S E J F E L S P R K N O
L H D F U X S A U I O L X X K
X I G H N S G R T D M I S Q G
U N E I T O E N U I E I C M B
N S X J L V I C I T G B T E U
O O A I O E T T Y E A U Y S R
I M K M H I U X C C B E E D N
T N H C V E L L K I S L E Y O
A I N I E A A P B T D N L R U
L A T O T N A D R E I D N E T
O Y G I M I T A A L E H A Y W
S Z G Y N F I X N C C W O B R
I I F G Q N E O E E H S R B R
D E K G A M I N G T P E E L S
```

MOVE YOUR BODY

```
R E B M I L C N I A T N U O M
N J Q H O V M H C L T Q E D H
V U S Y J P S F C I F D F A P
T M L S R J S Q S T T N N Q U
S P K H E V T L U F A D R P H
I S N C T R L V I A S N B U S
T Q A L G A P L P T T D S L U
U U L N W L D H A R K I N L P
P A P T Y A K N C E E P R U B
L T X N E N D Z H N R B K P V
U P A D X P P I D P E C I R T
N D F C R U N C H E P B W C S
G N I W S L L E B E L T T E K
E I D H B R E T S U R H T C O
U V A C F R O N T S Q U A T T
```

NORSE WORLD ORDER

```
W L L R E K O R A N G A R T E
F O L D N I W A L F W P Q A I
H K O L F I N I D O Q J A L R
X I V I R R A H Y N O C H L Y
T H A H I I O N E T U V U A K
G M D N R D D S U R P Z L H L
N R I Y N E C N T T J I F L A
I C N R E T H D B G S A N A V
K N I B F E X X D A I O R V X
I P D K I P Y U R R A U O H
V L H M D M B D T S A V N M I
V J O O E I G O E C W G W T E
P O G R I G X R I N A V S E S
R A G R Y R G B S D O G S A P
M P T H E I M D A L L A W H H
```

LITTLE THINGS MATTER

```
B U X L L Y H P O R O L H C R
B A C T E R I A M S U R I V F
R B P U D V U A E P J H M U T
N N Y D X T T C A N L E N E Y
U O I U U O R T T C Z G N T M
C R Z E M S H S U U U Y H K O
L T B W Z O T K F S F C M Z L
E C Z A G N A M S Y E G F E E
U E N E E A T P I M J W R Q C
S N L V M O L A T I O N Q U
D E L J M R T S U D E N I F L
H O L R E A H G I N J V H H E
P M E S R N E U T R O N Z S I
A P N I F D N B N O T O H P A
S E B O R C I M S E N E G E E
```

FAITHS AND BELIEFS

```
B J P E H X T A M E L E H T Z
A A I E D R U Z E G E C W G S
H I A R Z O R H N O A K I H W
A N C U A M V O I O R A I A P
I I C F K F S L D L B N N I M
L S I F E T A A V N T K Y R A
C M W M I R I T Q O H A L E N
V H M C S S M T S F V R P T D
Z Y I D M I S S E A I U M N A
I S K U M K O N I N R D Q A E
M F L F Y I F A Y I R K Z S I
M S I D I Z A Y T W B I U N S
J A S A T R U A I A D A K O M
Q S E Z J K N P A F X F B Y Q
B X R A M S I H K I S L J N O
```

SEE YOU IN THE NEXT BOOK

I Y L X K N E L Z Z U P F L H
N I F R D A O C H R J Y Q N G
B O P H H I W I A I R M S H H
T J I C R V A S A C J A X A B
H J V T A E V N R A L B N H R
A T Z E A R O P D J T D T E A
N J S M V N K A T K S U V B I
K A M O W I Z L N H C A L O N
Y X C L N C A E V J H L N A C
O F L I N N E K V R Y J Y Y A
U E K Q O L E N Y N E S B E L
M M W G N I C E D K O S V L G
E W A S W W Y M R D B C A P X
U I N W O X J D A Y I X O E Z
D R B S W E E T L L Y A G M T

Made in the USA
Middletown, DE
22 November 2024